Laboulaye

quelques reflexions sur l'enseignement du Droit

1849

QUELQUES RÉFLEXIONS

SUR

L'ENSEIGNEMENT DU DROIT EN FRANCE,

A L'OCCASION

DES RÉPONSES FAITES PAR LES FACULTÉS PROPOSÉES

PAR M. LE MINISTRE DE L'INSTRUCTION PUBLIQUE[1].

En rentrant au ministère, un des premiers soins de M. de Salvandy a été de reprendre une pensée féconde qui avait déjà signalé son passage aux affaires, nous voulons parler de la réforme de l'enseignement juridique, question à l'ordre du jour depuis plusieurs années, et qui de façon ou d'autre demande une solution. La haute Commission des études de droit, heureuse création du ministre, a été reconstituée[2]. Un rapport au roi, qui résume et complète en quelques points l'important Exposé de 1838, a formulé les articles sur lesquels doit porter principalement la discussion[3]. Enfin, avant d'être soumis à la haute Commission, ces articles ont été communiqués aux neuf Fa-

[1] Cet article était terminé et déjà presque complétement imprimé, quand M. de Salvandy nous a fait l'honneur de nous appeler dans la haute Commission des études de droit. Cette nomination n'a point modifié nos opinions, et nous ne négligerons rien pour les faire accueillir favorablement; mais si elle nous eût été plus tôt connue, elle nous eût imposé, dans l'éloge comme dans le blâme, une certaine réserve à laquelle n'est point tenu un homme qui ne parle qu'en son nom, et qui n'est point appelé à donner officiellement son avis. C'est ce que nous prions le lecteur de ne point oublier en lisant les réflexions suivantes.

[2] La haute Commission est composée de MM. Rossi, comte Portalis, Dupin, Laplagne-Barris, Béranger, Girod de l'Ain, Frank-Carré, Hardouin, Blondeau, de Fougères, Schutzemberger et Giraud, secrétaire. Depuis que cet article a été écrit, M. de Salvandy y a également appelé MM. Troplong, Laboulaye et Laferrière.

[3] Le rapport au roi a été publié dans la *Revue* de cette année, t. Ier, p. 383. L'exposé de 1838 a été publié à la tête du *Recueil des lois, décrets et ordonnances concernant l'enseignement du droit*. Paris, 1838, et dans la *Revue de législation*. ancienne collection, t. IX, p. 370.

1

cultés du royaume, avec invitation faite à chacune d'elles non-
seulement de donner son avis sur les points proposés, mais
encore d'indiquer toutes les améliorations qu'elle jugerait convenables. Dans une affaire aussi grave que peut l'être une réforme des Facultés, il était difficile d'agir avec plus de circon-
spection et de convenance. L'opinion publique avertie longtemps à l'avance, les parties intéressées appelées à déposer dans
une enquête solennelle, l'examen de tous les avis remis à une
Commission composée de jurisconsultes considérables et de
l'élite de nos magistrats, voilà certes un respect de la publicité
digne de tous les éloges, et il est impossible d'appeler plus sin-
cèrement et plus complétement la lumière sur une question
qu'obscurcissent mille préjugés traditionnels.

Nous venons de lire les délibérations des Facultés, imprimées
par ordre du ministre, et accompagnées de tableaux statistiques,
féconds en renseignements [1]. C'est une idée vraiment libérale
que de soumettre ainsi toutes les pièces de la discussion à l'appréciation du public, juge impartial, quand il est éclairé. Nous
craignons seulement que, dans le cas présent, ces réponses
officielles ne jettent pas un grand jour sur la question. Les Facultés de province ont été unanimes pour reconnaître la nécessité d'améliorer l'organisation de l'enseignement et la constitution du professorat, mais elles n'ont indiqué ni les causes
du mal, ni le moyen d'y remédier. (J'excepte toutefois
Strasbourg, qui doit à son voisinage de l'Allemagne des lumières et une expérience toutes particulières, et qui a émis sur
la constitution du professorat des idées dignes de toute l'attention du ministre et de la Commission.) Soit modestie exa-
gérée, soit confiance absolue dans les chefs de l'enseignement, les Facultés de province se sont, en général, renfermées
dans une grande réserve, ne s'écartant jamais des questions
proposées, malgré l'invitation bienveillante du rapport ; laissant

[1] *Délibérations des Facultés de droit* sur les questions proposées à la haute
Commission par M. le ministre de l'Instruction publique. Paris, 1845, Imprimerie de Paul Dupont.

de côté, sans y répondre, quelques-unes d'entre elles, et non pas toujours les moins intéressantes ; et dans les réponses même se bornant plus d'une fois à un blâme ou à une approbation timides. En somme, les huit Facultés reconnaissent qu'*il y a quelque chose à faire*, et désirent une réorganisation qui, en multipliant les ressources scientifiques, permette à la province de résister à l'influence absorbante de Paris ; mais elles sont peu d'accord entre elles sur les mesures qui peuvent amener ce résultat, et ne paraissent même pas avoir à ce sujet des idées fermement arrêtées.

Si la province s'est montrée timide dans l'approbation, et plus encore dans la critique du projet ministériel, il n'en est point de même de la Faculté de Paris, qui a pris une attitude décidée, et répond par un NON absolu à toute proposition de changement. L'organisation actuelle est bonne, il n'y a rien à modifier, rien à ajouter : telle est la profession de foi de la Faculté. *Un enseignement qui embrasse le droit romain (c'est-à-dire les Institutes), les cinq Codes* [1] *et le droit administratif laisse bien peu à désirer* [2]. *Le développement que l'enseignement a reçu dans la Faculté de Paris dépasse même les besoins, et n'est pas en harmonie avec la brièveté du temps d'études et le nombre légal d'examens* [3]. *Donner plus de développement à l'enseignement du droit criminel dans le cours triennal d'études, ce serait* SURCHARGER LES ÉLÈVES *et les distraire de* LEUR ÉTUDE PRINCIPALE, *celle du droit civil* [4]. *Cet inconvénient serait grave, surtout à la seconde année, consacrée à l'explication de la plus importante partie du Code civil* [5]. Ainsi, point d'enseignement nouveau, à moins d'une prolongation d'études, car les trois années appartiennent avant

---

[1] Sur les cinq Codes, il y en a deux qui ne figurent dans l'enseignement que pour une faible part, le Code d'instruction criminelle et le Code pénal.

[2] Rapport des Facultés, p. 54.

[3] *Ibid.*, p. 56.

[4] Il est difficile de comprendre pourquoi le droit criminel n'est pas une ÉTUDE PRINCIPALE pour de futurs magistrats, procureurs du roi, avocats, etc.

[5] Rapport, p. 57.

tout au professeur du Code civil : telle est, en somme, l'opinion de la Faculté, et depuis longtemps c'est à cette opinion, fausse par son exagération, qu'elle conforme sa conduite. Il y a bientôt huit ans que les Chambres ont autorisé la création à Paris d'une *chaire de législation criminelle comparée.* Il y en a six que M. Cousin a institué une chaire d'*Introduction à l'histoire du droit,* ardemment sollicitée par la Province. Ainsi, seule entre toutes, l'École de Paris a été dotée d'un enseignement philosophique; mais elle s'est bien gardée d'en faire profiter les étudiants, et, sans doute *pour ne pas les surcharger et ne pas les distraire de leur étude principale, celle du droit civil,* les cours nouveaux n'ont point été déclarés obligatoires comme les autres. En d'autres termes, les étudiants qui, dans le système régnant, ne travaillent et ne peuvent guère travailler qu'en vue des examens, ont été prévenus que rien ne les obligeait de suivre ces cours facultatifs, et ont largement profité de la permission. Déjà plusieurs fois on a voulu faire cesser une position fausse pour d'honorables professeurs, et la Faculté elle-même avait compris qu'il n'était point possible de maintenir un état de choses qui porte atteinte à sa propre considération ; mais dans le rapport au ministre elle se ravise, et *après mûres réflexions,* elle déclare que, *vu l'encombrement de l'enseignement, elle ne peut persister dans le vœu précédemment exprimé de voir déclarer immédiatement*[1] *obligatoires les cours qui ne le sont pas encore*[2].

Telle est l'opinion de la Faculté en ce qui concerne l'organisation de l'enseignement. (Nous examinerons plus loin la question du professorat.) Il lui faut ce qui existe, rien de plus, quelque chose de moins si l'on veut. C'est là ce qu'on appelle *éviter* dans ses avis *un attachement aveugle au présent, qui, fermant les yeux sur les besoins nouveaux, ou sur les abus existants, fixe-*

---

[1] *Immédiatement* veut dire ici : tant que l'étude du droit ne durera que trois années.

[2] Rapport, p. 59.

rait l'enseignement dans la routine, et exclurait absolument le progrès [1].

Il y a quelque vingt ans, une opposition aveugle aux demandes d'un ministre bien intentionné, qui consulte toutes les opinions avant de prendre un parti, une telle opposition, dis-je, eût passé pour un acte héroïque, et mérité tous les suffrages de la presse ; mais aujourd'hui, grâce aux progrès de l'esprit public, nous n'en sommes plus là. Il ne suffit plus de faire de l'opposition, il faut encore avoir raison, même contre un ministre. C'est une nécessité à laquelle les corporations, quelque haut placées qu'elles soient, n'échappent pas plus que les individus. Or, nous le disons avec regret, la Faculté de Paris en se refusant à toute amélioration, en déclarant impossible toute modification du système régnant, s'est placée sur un mauvais terrain et a compromis la cause même qu'elle voulait soutenir. A qui persuadera-t-on qu'un enseignement borné aux Institutes, au droit civil et commercial et au droit administratif, soit complet, même comme enseignement pratique ? Et d'ailleurs, le droit n'a-t-il donc ni passé, ni avenir, ni histoire, ni philosophie ? Et pour cette histoire et cette philosophie, la base même de la science, il n'y a point de place dans une Faculté ? Nous sommes condamnés à garder toujours en France un haut enseignement dans lequel il ne sera jamais question des doctrines auxquelles Grotius, Kant, Montesquieu, Jouffroy ou Savigny ont attaché leur nom ? Les Académies, les savants, les magistrats les plus considérés pousseront de tout côté à l'étude de notre ancienne jurisprudence ; mais à Paris il y aura une enceinte dans laquelle on ne prononcera jamais, devant de futurs licenciés, le nom des Beaumanoir, des De Fontaines, des Pithou, des Coquille, et cette enceinte sera la Faculté de Droit ! Que voulez-vous, dira-t-on, l'enseignement est déjà *encombré !* Si les délibérations n'étaient imprimées, qui ne m'accuserait d'inventer, si je disais qu'à Paris, dans le premier éta-

[1] Rapport, p. 52.

blissement du royaume, on déclare ingénument qu'il est inutile d'établir une chaire spéciale de législation criminelle (chaire réclamée par toutes les autres Facultés sans exception)[1], parce que le professeur de procédure trouve le temps de donner à la hâte quelques notions de droit pénal, *sans embrasser les théories élevées du criminaliste qui demande compte à la société du droit qu'elle exerce sur la vie ou la liberté de ses membres*[2]? En d'autres termes, il y a à l'École de Paris, au dix-neuvième siècle, des professeurs, des savants qui s'imaginent qu'on peut faire aujourd'hui un cours de droit criminel sans prononcer le nom de Beccaria, de Kant, de Romagnosi, de Rossi, de Niccolini, et qui trouvent singulier qu'on veuille offrir à l'esprit des étudiants autre chose qu'une glose insignifiante sur cent articles du Code pénal ; aveugles, qui ne s'aperçoivent pas qu'ils font ainsi la plus sanglante satire du système qu'ils croient défendre par de semblables raisons[3] !

Pour retarder une réforme nécessaire, la Faculté fait grand bruit de l'*encombrement* de l'enseignement ; mais en vérité rien de plus faible que cette objection. Les élèves en droit suivent en moyenne trois cours par année ; ce n'est pas deux heures de leçon par jour. Il n'y a point d'étudiant en Allemagne qui ne consacre au moins le double de temps aux mêmes occupations, il n'y a point d'enfant dans un collége qui ne travaille quatre heures avec le professeur, sans que sa santé ni son esprit souf-

---

[1] Les idées émises sur ce point par la Faculté de Strasbourg, sont des plus remarquables.

[2] Rapport, p. 57.

[3] Dans la plupart des Universités d'Allemagne, à Berlin, à Breslau, à Iéna, à Leipsig, etc., l'enseignement du droit criminel est l'objet de deux cours distincts : *droit criminel, procédure criminelle*, accompagnée d'un *practicum* ou exercices pratiques sur l'instruction et le jugement des procès criminels. Chacun de ces cours dure un semestre à quatre leçons par semaine. A vingt semaines de travail utile, cela fait cent soixante heures de leçons. A Heidelberg, M. Mittermaïer consacre à cet enseignement onze à douze heures par semaine, soit deux cent vingt à deux cent quarante heures par semestre. A Paris, on prétend y consacrer, et très-suffisamment, un semestre à trois heures de leçon par semaine ; c'est à peu près soixante heures.

frent aucunement de ce travail modéré.—*Avec le nombre légal d'examens*, cela n'est pas possible, dit la Faculté. — J'admets pleinement cette objection ; mais si elle est fondée, c'est-à-dire si, dans l'organisation reçue, il est impossible d'agrandir l'enseignement et d'exiger des jeunes gens des études plus sérieuses, comment ne voit-on pas que cette organisation est jugée ? Si elle ne se prête pas aux progrès qu'a faits la science, si elle est un obstacle à sa diffusion, pourquoi maintiendrait-on un système coûteux et stérile ? Qu'est-ce que l'examen ? un moyen de constater les connaissances de l'étudiant, et rien de plus ; si ce moyen de contrôle vient à gêner le développement de la science, s'entêtera-t-on à le conserver ? Ou dira-t-on qu'il n'y a pas d'autre système possible, quand à nos portes, une organisation différente, reçue dans vingt-une Universités, donne les résultats les plus satisfaisants ? A Paris, avec un budget de 270,000 francs et vingt-cinq professeurs, on obtient dix-huit cours sur onze sujets différents, et soixante heures de leçons par semaine. A Berlin, grâce à un régime meilleur, et avec une dépense qui n'atteint pas cent mille francs, quinze professeurs donnent facilement dans l'année soixante-dix cours sur dix-huit matières différentes, et cent soixante heures de leçons par semaine [1]. A Paris, l'étudiant ne peut rester deux heures par jour à l'École ; à Berlin, il y passe facilement quatre et cinq heures. Voilà, certes, un *encombrement* qui dépasse de bien loin toutes les prévisions du rapport ! Voilà ce qui est *à priori* infiniment moins possible que de rendre deux nouveaux cours obligatoires ; voilà cependant ce qui existe en Allemagne, dans des Facultés de trois, quatre, ou cinq cents étudiants ; voilà ce qui peut facilement se réaliser chez nous au grand profit de la science, des élèves et des professeurs, sans grever le budget, et sans même amener ces créations de chaires nouvelles devant lesquelles tremble la Faculté, dans sa vive sollicitude *pour qu'on ne surcharge point les étudiants*.

[1] Voy. *infra*, p. 310 et ss.

Nous le disons avec une peine sincère, le rapport de la Faculté affligera tous les amis du progrès, et ne réjouira que les adversaires de l'École de Paris. On ne peut deviner par quel motif un corps qui représente la science du droit, et qui, à ce titre, devrait chercher tous les moyens de la répandre, un corps pour lequel tout agrandissement de l'enseignement, toute création de chaire nouvelle devrait être un sujet de joie, abdique volontairement le rôle élevé que sa destination lui assigne, repousse obstinément toutes les ressources scientifiques qu'un ministre obtient de la munificence nationale (ressources que réclament toutes les Écoles de province, cent fois plus fidèles à leur caractère et à leur mission), et sollicite pour toute faveur de rester non pas une Faculté (c'est le haut enseignement qui constitue la Faculté), mais quelque chose comme une école préparatoire avec trois classes de Code civil.

Si ce système triomphe, les hommes qui s'intéressent aux destinées de la jurisprudence n'ont plus qu'un vœu à former, c'est qu'on défère à quelque autre établissement le riche héritage que répudie l'École de Paris ; car encore faut-il que le haut enseignement du droit ait sa place quelque part, comme l'enseignement supérieur des lettres ou des sciences. Qu'on établisse donc au Collége de France la véritable Faculté de droit, celle où s'enseigneront l'histoire de nos institutions, la philosophie du droit, la législation comparée, le droit canonique ; celle, en un mot, où il sera permis de compléter leur éducation aux gens qui croient encore qu'il y a une science du droit autre part que dans les deux mille articles du Code civil.

Loin de nous l'idée de rendre l'École tout entière responsable d'une pareille délibération. Tant que nous n'aurons pas vu les signatures, nous aimerons à croire que la majorité qui a rédigé ce rapport n'est peut-être qu'une minorité. Nous savons d'ailleurs ce que peut l'esprit de corps, et comment par des considérations toutes personnelles, par égard pour les cheveux blancs d'un collègue, par indifférence, souvent même par excès de modestie, on finit par accepter un acte qui, signé de tous, ne représente l'opinion de personne. Quel que soit du reste l'auteur ou les auteurs de ce rapport, leur nom fût-il de ceux qui nous ont toujours commandé le respect, nous n'en dirons pas moins ce que nous croyons la vérité ; car il s'agit de l'intérêt le plus élevé et le plus sacré, de l'intérêt de la science, compromis par les fausses idées et les vues étroites de ceux qui devraient être ses défenseurs naturels. Nous combattrons à outrance le système régnant comme la cause la plus directe de l'infériorité de la science française en certaines parties ; système bâtard qui ne satisfait ni la théorie ni la pratique ; mauvais pour les étudiants dont il rétrécit l'esprit, non moins désastreux pour les professeurs qu'il enlève à l'étude et fatigue par d'inutiles examens. Nous parlerons avec d'autant plus de franchise et d'énergie, que, Dieu merci, nulle question de personne n'est engagée dans la réforme que nous sollicitons. Ce que nous demandons, c'est un changement d'institutions, et il s'agit pour nous d'introduire dans la Faculté non pas un professeur, mais un principe nouveau. Ce principe, qui a fait la fortune des Universités allemandes, se résume en deux mots : c'est la liberté substituée à la servitude, LIBERTÉ POUR L'ÉTUDIANT, LIBERTÉ POUR LE PROFESSEUR.

§ I. — *Du système d'enseignement suivi en France, et de ses défauts.*

Quel est donc le système auquel il faut attribuer l'infériorité de l'enseignement ; et quel est le vice secret qui a jusqu'à ce jour paralysé les bonnes intentions du gouvernement ? Est-ce à l'organisation du professorat qu'il faut s'en prendre, comme on le fait communément ; est-ce à la sphère trop restreinte des études ? Ces deux causes ont sans doute contribué à retarder le progrès ; mais selon nous, ce n'est point là qu'est le principal foyer du mal. Une loi remplacerait demain le concours par un mode meilleur, augmenterait le nombre des chaires, introduirait trois ou quatre cours nouveaux, qu'une telle réforme ne nous satisferait pas. On ouvrirait sans doute un horizon plus large à nos jeunes étudiants, on amènerait dans l'enseignement des hommes qui ajouteraient au lustre de la Faculté, et modifieraient par leur présence l'esprit exclusif qui paraît dominer dans la Compagnie; mais ces améliorations (quelque désirables qu'elles soient d'ailleurs) ne seraient que temporaires, car elles n'iraient point chercher le mal dans sa racine. On aurait agrandi l'enseignement, mais on n'aurait pas changé son esprit; et c'est là qu'est pour nous toute la question. Mieux vaudrait cent fois une réforme qui modifierait l'organisation actuelle, sans introduire dans les Facultés un seul homme nouveau, qu'un changement qui ne ferait qu'augmenter le nombre des professeurs, et satisfaire quelques ambitions, même légitimes, sans modifier profondément le système régnant.

Le vice radical de notre enseignement, c'est le régime de contraint et de servitude qui ôte au professeur comme à l'étudiant toute liberté d'esprit et toute liberté d'action. Ce système se résume en peu de mots: pour le professeur, cantonnement dans une chaire, que le hasard et non la vocation lui attribue; obligation pour lui de passer toute sa vie renfermé dans un seul et unique enseignement, quels que soient la nature de son génie, la direction de ses études, le changement de ses idées. Pour l'élève, études forcées, c'est-à-dire, obligation de voir exclusivement certaines matières dans un ordre et dans un temps voulu; examens réitérés qui son comme le contrôle du régime adopté par le gouvernement, et qui, destructifs de toute liberté, retirent à l'étude son plus puissant ressort, et contraignent les jeunes gens à n'apprendre que ce qu'il plaît à l'Etat d'enseigner, dans l'ordre exigé par l'Etat, dans le temps fixé par l'Etat, jour par jour, heure par heure, et sans même laisser à l'étudiant la possibilité de choisir, entre divers professeurs, celui dont la méthode ne le rebute pas.

Ce système, que nous devons du reste aux jésuites, peu soucieux des nouveautés, et qui dans l'éducation donnaient une part beaucoup plus grande à la mémoire qu'au jugement, ce système est tellement enraciné en France depuis deux siècles, qu'il est devenu pour nos Facultés comme une seconde nature, et je ne doute point que parmi les personnes les mieux intentionnées, plusieurs ne soient surprises de la critique sévère que je fais d'un ordre de choses qui a pour lui une aussi longue durée. Mais, outre que le déclin des études juridiques date chez nous de l'adoption de ce régime, je prie qu'on veuille bien mettre un instant de côté des préjugés traditionnels, pour examiner, sans prévention, des idées qui ne sont point l'invention d'un cerveau oisif, mais le résumé d'une expérience qui date aussi de deux siècles, expérience faite en Allemagne sur une échelle aussi grande qu'en France, et couronnée, on le sait, du plus éclatant succès. Toute l'Allemagne, l'Autriche exceptée[1], a répudié peu à peu le système qui règne encore chez nous, et c'est au régime nouveau par elle adopté, qu'elle attribue l'éclat de ses Universités. Il est impossible que de la comparaison des deux régimes ne résulte pas une leçon profitable, et c'est cette comparaison que je vais essayer, en m'appuyant sur des documents officiels. J'exposerai d'abord le système allemand, pour qu'on voie bien ce qu'on entend en Allemagne par liberté d'enseignement (*Lern und Lehr Freyheit*), et quelles limites raisonnables on lui trace : j'espère éviter ainsi des récriminations générales, trop ordinaires chez les gens qui, en paroles, poussent tout à l'extrême pour dégoûter du progrès. J'examinerai d'abord la liberté accordée à l'étudiant, je traiterai plus loin de la liberté donnée aux professeurs.

§ 2. — De la liberté d'études (*Lehr* ou *Hœrfrey heit*) en Allemagne.

On admet généralement de l'autre côté du Rhin (en laissant de côté certaines opinions extrêmes qui feraient des Universités de simples Académies sans but pratique), on admet, disons-

---

[1] L'Autriche elle-même, qui a conservé notre système, se préoccupe de la faiblesse de son enseignement comparé à l'état brillant des autres Universités d'Allemagne, et vient de nommer une Commission pour réformer ses Facultés de droit.

nous, qu'il y a pour l'Etat un intérêt direct à ce que les hommes qui se destinent à son service, ou auxquels il donne un *caractère public*, comme les avocats, les notaires, les médecins, justifient avant tout des connaissances générales et spéciales qu'ils ont dû acquérir dans l'Université. On a donc placé à la fin des études (mais à la fin seulement) un examen général dans lequel le candidat, qui a fait au moins trois années d'études [1], est interrogé sur les connaissances les plus nécessaires à sa future profession.

A Berlin, par exemple, l'examen porte sur les matières suivantes : *droit romain*, ce qui comprend 1° l'histoire du droit, 2° les Institutes, 3° les Pandectes [2]; *droit allemand*, ce qui comprend 4° l'histoire du droit public et privé, 5° le droit privé germanique, 6° la procédure civile, 7° le droit criminel, 8° la procédure criminelle, 9° le droit féodal, 10° le droit public, 11° *droit des gens*, 12° *droit naturel ou philosophie du droit.*

A Leipzig, l'examen est plus étendu; il porte sur les cours suivants : 1° philosophie (logique, méthaphysique), 2° histoire universelle, 3° histoire d'Allemagne [3], 4° histoire du droit,

---

[1] La loi fixe un *minimum*, parce qu'il est impossible à un homme laborieux et intelligent de mettre moins de trois années pour étudier les sujets nombreux et divers sur lesquels porte l'examen ; mais on n'a point fixé un *maximum*, et encore moins un délai fatal et uniforme, comme on l'a fait chez nous ; car c'est supposer une chose impossible, l'égalité de toutes les intelligences. Qu'importe à l'Etat que l'étudiant reste trois, quatre ou cinq ans dans l'Université, pourvu que pendant ce laps de temps il justifie de son travail. C'est au père de famille à surveiller son fils ; lui seul connaît assez son intelligence pour juger sûrement de la durée convenable de ses études, durée aussi variable que l'intelligence de chaque individu.

[2] Les Pandectes comprennent cette partie du droit romain qui est encore appliquée comme législation civile dans une grande partie de l'Allemagne. C'est un enseignement aussi considérable que celui du Code civil, et qui embrasse à peu près les mêmes matières. Le cours de Pandectes, y compris le droit de succession, qui se donne séparément et en général par le même professeur, dure un semestre à seize heures de leçons par semaine, soit pour vingt semaines trois cent vingt heures de leçon : le Code civil s'enseigne, chez nous, en trois cent soixante heures, à supposer six semestres de vingt semaines et trois heures de leçon par semaine.

[3] On voit qu'en Allemagne on ne croit pas que l'enseignement littéraire soit, pour les étudiants en droit, chose de luxe. M. de Salvandy a soulevé

5° Instituts, 6° Pandectes, 7° droit privé germanique, 8° droit saxon, 9° procédure civile, 10° *practica et relatoria*, 11° droit criminel et procédure criminelle, 12° droit féodal, 13° droit canonique, 14° droit naturel ou philosophie du droit.

En Wurtemberg, pays modèle pour l'enseignement, l'examen final embrasse une sphère non moins considérable : 1° histoire du droit romain, 2° Instituts, 3° Pandectes, 4° exégèse de quelque jurisconsulte classique ou de quelque matière spéciale, 5° histoire du droit public et privé de l'Allemagne, 6° droit privé germanique, 7° procédure civile, 8° droit criminel, 9° procédure criminelle, 10° droit féodal, 11° droit commercial, 12° droit public, 13° droit canonique des protestants et des catholiques, 14° philosophie du droit.

Ainsi donc, en Allemagne comme en France, avant de donner à l'étudiant un caractère public, on s'assure qu'il a passé trois ans au moins dans l'Université, et qu'il y a fait des études solides sur les branches principales de la jurisprudence ; sur ce dernier point, on est même plus exigeant de l'autre côté du Rhin que dans nos écoles; l'examen, ou plutôt le concours final, est des plus sévères ; les épreuves y sont multipliées et portent, comme on vient de le voir, sur les parties essentielles de la science. Les deux pays attendent donc un commun résultat de l'institution des Facultés; mais là se borne la ressemblance; l'Allemagne a tout à fait répudié notre régime de contrainte, et s'éloigne de nos idées *par le caractère de l'enseignement et par les moyens qu'elle emploie pour obtenir de l'étudiant la plus grande somme possible de travail et d'instruction.*

En premier lieu, tout en demandant à la Faculté de lui préparer des hommes dignes d'entrer dans les services publics de la magistrature ou même de l'administration, l'État n'entend point faire de cette préparation la fin essentielle de l'enseignement, et subordonner les études à l'examen qui les couronne. En d'autres termes, le gouvernement n'admet point qu'il ne

cette importante question dans son rapport; mais les Facultés semblent ne l'avoir pas compris, et n'y ont pas répondu.

puisse y avoir un autre enseignement que celui des matières sur lesquelles il lui plaît aujourd'hui d'interroger. En France, nous avons une science officielle, c'est l'État qui se charge de nous la compter et de nous la mesurer, et on ne comprend guère chez nous quelle peut être l'utilité d'un cours qui n'aboutit pas à un examen. La fin immédiate des études, c'est de faire des licenciés, et c'est à cette fin que tout aboutit. Chez nos voisins, au contraire, la fin essentielle, c'est la science ; la Faculté est un établissement qui a pour objet principal de développer et d'enseigner la jurisprudence ; l'utilité directe que retireront de ces leçons l'État ou les particuliers n'est que secondaire. C'est une institution publique, à laquelle la nation remet le dépôt de la science et de l'enseignement, dépôt qu'elle doit conserver, enrichir et transmettre aux générations futures ; ce n'est point, comme en France, une école préparatoire de la magistrature et du barreau. Suivant l'expression allemande, c'est un établissement DANS l'État, et non point un établissement DE l'État ; la Faculté vit de sa vie propre, se suffit à elle-même, et a sa fin en elle-même ; car cette fin, c'est la science, et non le service public. Sans doute elle sera la pépinière d'où sortiront la jeune magistrature et le jeune barreau ; mais cette perspective ne doit exercer aucune influence sur la nature de l'enseignement. Spéculatives, historiques ou pratiques, toutes les branches de la jurisprudence doivent être accueillies et étudiées avec la même faveur ; car si (à considérer les choses superficiellement) elles n'ont pas toutes la même importance dans le monde des affaires, elles ont toutes la même valeur scientifique, et délaisser les unes au profit des autres, c'est de la part de l'État ou de la Faculté, fausser l'éducation nationale, et donner à l'enseignement une direction arbitraire et exclusive, c'est-à-dire une mauvaise et dangereuse direction.

Telle est la haute idée qu'on se fait en Allemagne de la mission scientifique des Facultés, et je ne suis en ce point que l'écho de l'opinion commune[1]. Gouvernements et savants sont unani-

[1] MOHL, *Polizeiwissenschaft.* Tubing., 1844, p. 518 : « La liberté intellec-

mes pour répéter aux étudiants que si l'État demande certaines connaissances de préférence à d'autres, c'est qu'il est forcé d'aller au plus pressé, et que la faiblesse humaine ne lui permet pas de tout exiger ; mais qu'il n'entend pas détourner les jeunes gens des études spéculatives, élément nécessaire de toute éducation complète, et qui doit se trouver dans les écoles de tout pays qui comprend et aime la science. Loin de proclamer l'encombrement d'un enseignement obligé, trois fois plus chargé que le nôtre, les Facultés avertissent sans cesse les étudiants de ne point sacrifier la science à l'intérêt, en se bornant à ce qu'on appelle dédaigneusement en Allemagne les *Brodstudien* ou *études gagne-pain*, c'est-à-dire aux matières exigées par l'examen. Cette épreuve est partout considérée comme un mal inévitable, et le gouvernement est le premier à s'excuser de donner ainsi, quoique involontairement, une direction forcée aux études juridiques. Notez que ces gouvernements qui cherchent à se justifier, ont commencé par exiger des candidats les connaissances spéculatives et historiques les plus variées, la philosophie du droit, l'histoire du droit romain et du droit national, le droit canonique, qui tient si intimement à l'histoire des institutions modernes, etc., et que par conséquent les études auxquelles l'examen fait tort, sont en quelque façon des études de luxe ; et demandez-vous maintenant de quel côté du Rhin on comprend le mieux la dignité de la science et le caractère de l'enseignement ?

Il faut emprunter à l'Allemagne cet esprit libéral et le faire pénétrer dans nos Écoles. *La science pour la science*, telle doit être la devise des professeurs et des étudiants ; sans ce culte dés-

tuelle est une des conditions essentielles de la prospérité des Universités. Une éducation complète n'est pas possible là où l'État peut défendre l'étude de certaines parties de la science, ou interdire certaines manières de rechercher ou d'exposer la vérité. Restreindre l'éducation, c'est aller contre le but même de l'État, qui a été constitué pour garantir à l'homme le libre développement de toutes ses facultés. » Leo, *Berliner Jahrbücher für wissenschaftliche Kritik*, 1829, t. II, p. 506. Scheidler, *Einige wichtige Fragen*, dans le *Jahrbuch der deutschen Universitäten*. Hiver, 1842.

intéressé, un haut enseignement n'est pas possible ; mais qui se donne à la science sans arrière-pensée[1], professeur, obtiendra des résultats inespérés ; étudiant, sera plus tard un homme distingué, quelle que soit la carrière qu'il embrasse. En sommes-nous là en France, et nous faisons-nous de la mission des Facultés une aussi haute opinion ? Le rapport de Paris répondra pour nous.

« Tant que des grades ne seront pas légalement exigés, l'organisation d'un enseignement (administratif) spécial sera évidemment prématurée. Car LES COURS DES FACULTÉS ONT POUR DESTINATION LA COLLATION DES GRADES, et les chaires que l'on créerait prématurément ne trouveraient point cet auditoire sérieux et obligé que M. le ministre désire même pour la Faculté des lettres[2]. » Cette assertion de l'École de Paris est incontestable. Oui, aujourd'hui la destination principale de nos Facultés de droit (et nous pourrions dire la même chose de la plupart des autres Facultés), c'est la collation des grades ; elles sont, avant tout, *des commissions d'examen*. Rien n'est calculé pour faire travailler le professeur, dont l'occupation principale est d'examiner ; et tout est combiné pour empêcher l'étudiant de travailler autrement qu'en vue de l'examen. Là est le mal, là est la cause de l'infériorité de notre enseignement. Conférer et obtenir des grades ne doit être qu'un *accident* dans la vie du professeur ou de l'élève ; développer la science et l'étudier, tel est le seul rôle qui convienne à l'un et à l'autre. On ne relèvera pas l'enseignement supérieur en France, tant qu'à ce principe

---

[1] Quand nous disons qu'il faut se livrer à la science sans arrière-pensée, nous n'entendons pas dire qu'il faut s'abandonner aux études philosophiques ou historiques *exclusivement* ; le droit pratique est un élément essentiel de la science, et nous voudrions son enseignement plus complet encore qu'il n'est à Paris ; mais nous entendons qu'on ne doit point étudier en vue d'un examen et laisser de côté un cours utile, parce que ce cours n'est pas obligatoire. Que ce soit un cours pratique, comme le droit commercial, ou un cours théorique, comme la philosophie du droit, peu importe : toute mutilation de l'enseignement est fatale.

[2] Rapport, p. 51.

stérile et sans avenir, *la Faculté est faite pour conférer des grades*, on n'aura pas substitué ce principe nouveau et fécond : *La Faculté est la représentation vivante de la science ; c'est par elle et chez elle que doit se faire le progrès. Il ne doit pas y avoir un enseignement possible , qu'il soit philosophique, historique ou pratique, qui ne se trouve immédiatement dans la Faculté* [1]. Si la commission se pénètre bien de cette vérité ; si elle se fait une juste idée du caractère élevé qui appartient à l'instruction supérieure, caractère jusqu'à ce jour trop méconnu ; si enfin elle distingue ce qui doit l'être, l'enseignement des Facultés de l'enseignement des collèges, elle comprendra la cause de notre infériorité, et trouvera aisément le moyen d'élever nos Écoles à une hauteur qui peut faire de la France le premier centre littéraire de l'Europe.

Par une conséquence naturelle de la haute idée qu'on se fait en Allemagne de l'éducation universitaire, on laisse à l'étudiant toute liberté dans le choix et l'ordre de ses études. L'intérêt de l'Etat étant mis à couvert par l'examen final qui garantit que l'étudiant aura suivi les leçons nécessaires pour obtenir un caractère public , on ne voit pas pourquoi l'Etat exigerait des jeunes gens de commencer par un cours plutôt que par un autre. Ce serait une gêne inutile et sans objet.

Mais, dira-t-on , il y a un intérêt public ou au moins un intérêt scientifique à ce que ces jeunes gens soient dirigés de manière à leur faire perdre le moins de temps possible, et à les guider dans une route où les plus ardents et les plus laborieux peuvent le plus aisément se fourvoyer ?

Rien de plus louable que cette théorie, assurément ; mais il ne faut point s'imaginer qu'on ait en ce point d'autres idées en Allemagne. Tout au contraire, l'État, les Facultés, les savants, sont perpétuellement occupés à chercher les moyens de donner aux études et aux étudiants la meilleure direction possible. Cette

---

[1] Sur le moyen simple et facile de réaliser cette grande réforme sans grever le budget, voy. *infra*, § 4 et 5.

direction fait même l'objet d'une science spéciale infiniment
plus cultivée sur la rive droite du Rhin que sur la rive gauche,
je veux parler de la *propædeutique*[1]. Il n'est pas rare de voir les
savants les plus distingués donner à l'Université des leçons sur
la méthode des études universitaires; et le cours fait sur ce
sujet à léna par Schelling, il y a plus de quarante ans, n'a rien
perdu de son mérite et de sa célébrité[2]. Le premier cours que
l'étudiant en droit rencontre dans la Faculté, c'est l'*encyclopédie*
et la *méthodologie*, qui dès le premier jour lui donnent la carte de
la science, et lui indiquent la meilleure route à suivre, et le plus
sûr moyen de s'orienter. Ce qui distingue l'Allemagne, ce
n'est donc point le dédain de l'ordre et de la direction, mais
c'est le libre choix des méthodes laissé à l'étudiant. On le con-
seille, on ne le contraint pas, et jamais on n'a eu l'idée bizarre
et peu scientifique d'employer l'autorité de l'État pour imposer
à trois mille jeunes gens un ordre d'étude et des méthodes qui
ne conviennent peut-être pas à dix d'entre eux.

Pour que l'État fût fondé à employer ce *compelle intrare* vio-
lent, que la science n'admet pas plus que la religion, il faudrait
trouver la solution de deux problèmes que, jusqu'à ce jour, l'esprit humain cherche inutilement. Il faudrait démontrer que les
hommes sont en possession de la meilleure méthode possible;
il faudrait prouver ensuite qu'une seule méthode convient à
toutes les intelligences : car, si la méthode officielle est mauvaise, l'État devient responsable de la fausse direction de l'enseignement, et pervertit ou restreint l'esprit de plusieurs générations; et, cette méthode fût-elle convenable, il faudrait
bien avouer encore qu'il est injuste de l'imposer à toutes les
intelligences, si toutes les intelligences ne sont pas semblables. Et, en effet, exiger de l'élève qu'il suive dans ses

[1] Voy. notamment *Akademische Propædeutik oder Vorbereitungswis-
senschaft zum akademischen Studium*, par C. Kirchner, directeur de la
célèbre école de Pforta. Leipsig, 1842.
[2] *Vorlesungen über die Methode des academischen Studium*, von
F.-W.-J. Schelling, troisième édition. Stuttgard, 1830.

études un ordre inflexible, lui fixer, avec une précision mathématique, la marche et la durée des leçons, c'est la plus inutile des tyrannies si tous les esprits n'ont pas la même vocation, la même aptitude, le même degré d'instruction préparatoire.

On comprend facilement que l'État prenne une moyenne dans le choix et le nombre des connaissances exigées lors de l'examen. Demander trop, c'est rendre la science impossible ; demander trop peu, c'est la laisser s'avilir ; mais quel rapport y a-t-il entre les connaissances exigées et le moyen de les acquérir ? Que le gouvernement place le but à atteindre ni trop haut ni trop bas, cela se conçoit, et cette affaire le regarde ; mais que lui importe le chemin que prendront les concurrents, s'il y a trois, quatre, dix voies également légitimes ? Qu'importe à l'État qu'une tête spéculative débute par la philosophie, rattachant ainsi par un lien sensible l'enseignement qu'il vient de quitter au collége avec celui qu'il vient chercher dans la Faculté ? Si, au contraire, l'étudiant est une de ces imaginations vives pour qui l'histoire a des charmes tout particuliers, en quoi l'État est-il intéressé à gêner cette direction ? Pourquoi l'enseignement dogmatique du Code ne vaudrait-il pas l'enseignement exégétique ? Si le droit romain peut être professé de trois ou quatre manières différentes, pourquoi l'étudiant n'aurait-il pas le choix entre la méthode de Doneau, de Cujas, ou de Savigny[1] ? En quoi toutes ces différences scientifiques peuvent-elles concerner l'État, et quel intérêt politique peut-il y avoir pour lui à faire prévaloir une école sur l'autre, et à contrarier le libre développement des intelligences, c'est-à-dire, sous un autre nom, le libre développement de la science ? Le régime actuel est, je l'avoue, une énigme que je ne comprends pas dans un pays aussi libre que le nôtre ; je ne puis l'admettre que dans un empire comme l'Autriche, où il y a une science officielle et une vérité d'État, c'est-à-dire de convention.

Dans le reste de l'Allemagne on s'est préservé de ces exagé-

---

[1] Je suppose la possibilité de concentrer à peu de frais, dans la Faculté, toutes ces méthodes diverses ; je démontrerai plus loin, § 4 et 5, que rien n'est moins difficile.

rations, et on n'a point une si grande frayeur de la liberté scientifique. On ne prétend point régenter comme un écolier le jeune homme qui se présente à l'Université ; on pense avec raison qu'un citoyen déjà majeur, ou près de l'être, a bien quelque droit à se déterminer librement dans le choix et l'ordre de ses études. Sans doute il y a dans ce système quelques inconvénients individuels ; mais, outre que l'étudiant ne peut s'en prendre qu'à lui-même s'il n'a pas suivi les sages conseils de ses maîtres, il ne faut point considérer comme perdu tout entier le temps employé dans une mauvaise direction, et l'effervescence de l'esprit est bien moins dangereuse que son inaction. D'ailleurs ce n'est pas l'intelligence seule de l'étudiant qui gagne à ce système, c'est aussi son caractère, et rien ne l'attache plus au travail que ce premier exercice de sa liberté. Cet enseignement, ce n'est point un joug qu'on a jeté sur sa tête, c'est une tâche qu'il a volontairement acceptée ; ce professeur qu'il écoute, ce n'est point un maître qu'il ne connaît pas, ou qui lui est antipathique, c'est l'homme qu'il a choisi entre plusieurs pour être son guide et souvent son ami. Aussi, tandis que chez nous le passage à la Faculté ne laisse aucun souvenir, la vie d'Université reste dans la mémoire de l'Allemand comme le temps le plus heureux, le plus doux, le plus libre de la vie ! C'est pour lui l'époque où, sans arrière-pensée, il se donnait tout entier à la science ; pour l'étudiant français, c'est le temps où il passait des examens !

A son entrée à l'Université, on remet à l'étudiant un programme détaillé qui doit lui servir de guide pendant toute la durée de son séjour. Ce programme est suivi d'un plan d'études (*studien Schema*) dressé par la Faculté, en général fort bien combiné, et le plus ordinairement suivi par l'étudiant dans ses parties essentielles ; mais, je le répète, rien n'est obligatoire, rien n'est forcé ; on a pour l'étudiant un respect et des ménagements infinis ; car ici ce n'est pas l'individu, c'est la science même qui est en jeu.

Voici le plan d'études de la Faculté de Bonn, doublement curieux par la réserve que la Faculté met dans ses conseils et par le travail qu'elle demande à la masse des étudiants. Il y a plus d'une instruction à tirer de la comparaison de ce riche programme de l'enseignement libre avec le maigre programme de notre enseignement officiel.

PLAN D'ÉTUDES DE LA FACULTÉ DE BONN [1].

Voici le plan d'études qui nous semble convenir à la majorité des élèves en droit; mais nous n'entendons nullement blâmer les modifications importantes que chacun peut y faire par suite de son degré d'instruction, de ses dispositions naturelles, de son talent, de la carrière à laquelle il se destine, et même enfin par suite de considérations tout extérieures, par exemple, à cause de la collision de différents cours, de la préférence pour un certain professeur, de la faiblesse de santé, etc. Dans ce plan, divisé en six semestres [2], nous n'avons compris que les cours purement juridiques, qui sont l'objet habituel des leçons de la Faculté. Mais nous supposons qu'on répartira dans chacun de ces semestres quelque enseignement philosophique, philologique, historique, politique ou scientifique [3]. Nous indiquons parmi ces différents enseignements les cours suivants, comme étant le complément des études juridiques: DANS LA THÉOLOGIE, l'*Histoire de l'Église* et les *Antiquités ecclésiastiques*; DANS LA MÉDECINE, la *Physiologie* et la *Médecine légale*, en y comprenant la *Législation médicale*; DANS LA PHILOSOPHIE, la *Logique*, la *Métaphysique*, l'*Anthropologie*, la *Psychologie* et l'*Histoire de la philosophie*. Parmi les *études philologiques* nous recommandons les *Antiquités grecques et romaines*, l'*Histoire littéraire*, l'*explication de certains classiques*, tels que les discours de Cicéron, l'histoire de Tite-Live, la Germanie de Tacite ou le Dialogue des orateurs, les lettres de Pline, surtout le dixième livre, Aulu-Gelle, etc. Nous n'avons pas besoin d'insister sur l'étude de la langue et de la littérature nationales. Dans les ÉTUDES HISTORIQUES, nous recommandons l'histoire romaine, l'histoire du moyen âge, l'histoire moderne, l'histoire nationale, ainsi que la géographie et la statistique; et même la diplomatique et la science héraldique; enfin, parmi les ÉTUDES ADMINISTRATIVES, nous recommandons la *politique*, le *droit administratif* et la *législation financière*.

Enfin, nous insistons sur l'enseignement religieux (*christliche Religions lehre*) qui se donne publiquement par des professeurs des deux communions, pour que personne ne néglige cette étude essentielle.

---

[1] Koch, *Die Preussischen Universitaten* (Recueil de documents officiels), t. II, p. 243.

[2] En Allemagne, on compte par semestre, et non par année d'études.

[3] Il ne faut pas croire que ces conseils ne soient pas suivis. Grâce à la réunion des Facultés en Universités, l'étudiant a tous les cours à sa disposition sans sortir de l'enceinte universitaire, et suit presque toujours des leçons dans d'autres Facultés que celle où il est inscrit.

Voici maintenant le plan des études purement juridiques, et sa division en six semestres.

PREMIER SEMESTRE.

Encyclopédie et méthodologie de la jurisprudence. — *Instilutes* [1]. — *Philosophie du droit* ou, sous un autre nom, *Droit naturel.* — *Histoire du droit romain.* Ces deux derniers cours peuvent être reportés sur un des semestres suivants; l'histoire du droit romain, par exemple, peut accompagner les Pandectes. La philosophie du droit peut se placer dans l'un des derniers semestres. L'encyclopédie, quand le professeur n'en fait pas une simple introduction à la jurisprudence, peut être étudiée une seconde fois, vers la fin de l'enseignement, et cela avec grand fruit. (Exégèse d'un jurisconsulte romain, par exemple, du premier livre de Gaius, ou des Institutes de Justinien.)

SECOND SEMESTRE.

Pandectes, y compris le *droit de succession.* Quand le droit de succession fait l'objet d'un cours particulier, il vaut mieux l'étudier dans le semestre suivant.

Histoire du droit romain. Voy. premier semestre.

Histoire de l'Empire et de la législation germanique. (Explication de quelques anciens jurisconsultes, par exemple, des fragments d'Ulpien, du quatrième livre de Gaius, des *fragmenta vaticana.*

TROISIÈME SEMESTRE.

Droit de succession. Voy. second semestre.

Droit privé germanique, y compris le *droit féodal.* Si le droit féodal fait l'objet d'un cours distinct, il est préférable de le reporter au semestre suivant. *Procédure civile* qui peut aussi se placer dans le quatrième semestre. *Histoire des sources* et *Herméneutique.* (Explication d'un jurisconsulte classique. Voy. second semestre.) (Explication de quelque ancien coutumier, par exemple, du *Miroir de Saxe,* ou de quelque livre curieux pour l'histoire de l'ancien droit, du *Reineke Fuchs,* par exemple [2].)

QUATRIÈME SEMESTRE.

Droit public, qui peut aussi se reporter au cinquième semestre. *Droit criminel.*

Procédure civile. Voy. troisième semestre.

Landrecht prussien, ou Code civil français. (Exégèse.) (Conférences, *Disputir uebungen.*)

CINQUIÈME SEMESTRE.

Droit canonique, qui peut se placer aussi bien dans le semestre précédent.

---

[1] Les Institutes sont, en Allemagne, un cours dogmatique sur les éléments du droit romain, sans égard aux *Institutiones* de Justinien.

[2] Le roman du *Renard,* livre aussi riche en détails sur les anciennes institutions germaniques que peut l'être pour nos institutions féodales le roman *du Rou,* *Lancelot du Lac,* et quelques autres.

— Procédure criminelle. — Exercices pratiques de procédure. — Droit des gens. (Code civil ou *Landrecht.*)

SIXIÈME SEMESTRE [1].

Exercices pratiques sur la procédure civile et criminelle. — Rapports, (*Relatoria* [2].) — *Histoire de la littérature juridique. — Second cours de Pandectes. —* Etudes du droit pratique, administratif et financier. (*Politik, Kameral, Finanz und Polizeiwissenschaft.*)

Voici maintenant le programme de Leipsig, qui n'est ni moins complet dans la sphère d'études qu'il embrasse, ni moins réservé dans les conseils qu'il donne aux étudiants.

Conseils sur la distribution convenable des études pour les jeunes gens qui suivent la jurisprudence à l'Université de Leipsig [3].

A. Plan d'études pour qui ne veut rester que trois ans à l'Université.

PREMIER SEMESTRE.

* *Philosophie* (logique et méthaphysique). *Encyclopédie juridique et Méthodologie.* * *Institutes* et *Histoire du droit romain.*

DEUXIÈME SEMESTRE.

* *Pandectes.*

Cours qui doivent être suivis dans l'un ou l'autre des deux semestres, suivant que les circonstances le permettent. * *Philosophie du droit, Philosophie morale,* * *Histoire universelle,* * *Histoire d'Allemagne; Antiquités du droit romain,* quand ce cours ne fait pas partie des Institutes.

TROISIÈME SEMESTRE.

* *Droit privé germanique.*

QUATRIÈME SEMESTRE.

* *Droit privé saxon* [4]; *Procédure.*

CINQUIÈME ET SIXIÈME SEMESTRES.

* *Relatoria* et *practica.*

---

[1] Le dernier semestre a pour but de préparer à l'examen de sortie, et dans cet examen les exercices pratiques jouent un assez grand rôle.

[2] *Relatoria,* c'est ainsi qu'on appelle les exercices pratiques sur l'art d'instruire une affaire et de rédiger un jugement.

[3] Ce plan est de 1842. Les cours marqués d'un * sont ceux qui sont exigés pour l'examen final.

[4] Dans toute l'Allemagne, on étudie le droit commun germanique (c'est-à-dire l'ancien droit coutumier de l'Empire), et le droit moderne particulier à chaque royaume ou duché. Cette complication, grâce au ciel, n'existe pas chez nous, et permet de simplifier les études juridiques.

A répartir dans les troisième, quatrième et cinquième semestres les cours suivants :

*Histoire de Saxe; Droit public saxon, * Droit criminel, * Droit canonique, * Droit féodal, Droit commercial, Procédures suivies pour l'exécution et le partage des biens du débiteur (Konkurs prozess), Exégèse. — Médecine légale. — Examinatoria et disputatoria.*

Dans quel ordre faut-il suivre ces leçons diverses, cela dépend en général du choix de l'étudiant; on peut dire seulement que la place la plus convenable du droit féodal et du droit commercial est après le cours de droit civil, et quant à la *procédure de partage (Konkursprozess)*, il faut l'étudier ou en même temps que la procédure ordinaire, ou après si on en fait l'objet d'un cours distinct.

Il semble aussi à propos de ne point reculer le droit canonique au delà du troisième ou quatrième semestre. Néanmoins, l'étudiant qui, soit dans le cours d'encyclopédie, soit dans l'introduction au cours de Pandectes, soit dans quelque autre cours des premiers semestres, aura acquis une connaissance suffisante des sources de l'histoire et de la littérature du droit canonique, ainsi que de son influence sur le développement du droit germanique, pourra reculer jusqu'à la troisième année l'étude du droit canonique aujourd'hui reçu en Saxe.

B. Plan d'études pour qui veut rester quatre années à l'Université.

PREMIER SEMESTRE.

Encyclopédie philosophique. Encyclopédie juridique et Méthodologie. Philosophie (logique et métaphysique).

DEUXIÈME SEMESTRE.

* *Institutes et histoire du droit.* * *Droit naturel ou philosophie du droit; Philosophie morale.*

Cours à répartir dans la première année : *Mathématiques pures.* * *Histoire universelle.* * *Histoire d'Allemagne. Antiquités du droit romain, Histoire des sources et autres études du même genre. Disputatoria sur des objets d'étude générale. (Histoire et philosophie ?)*

TROISIÈME SEMESTRE.

* *Pandectes, Examinatoria sur les Institutes.*

QUATRIÈME SEMESTRE.

* *Droit privé germanique.*

CINQUIÈME SEMESTRE.

* *Droit privé de la Saxe.*

SIXIÈME SEMESTRE.

* *Procédure.*

A répartir sur ces deux années : *Mathématiques appliquées, Histoire des États européens, Histoire de Saxe, Droit public de Saxe.* * *Droit* *féodal. * Droit canon. * Droit criminel. Droit commercial. Études des sciences politiques et administratives. Procédure d'exécution et de partage. Seconde étude des Pandectes. Examinatoria et disputatoria* sur les parties de la science déjà étudiées. Sur l'ordre à établir entre ces divers enseignements, voyez, du reste, ce qu'on a dit plus haut.

SEPTIÈME ET HUITIÈME SEMESTRES.

Relatoria. Practica. Études d'administration, de statistique, de législation financière, qui, lorsque les circonstances et la nécessité l'exigent, peuvent se placer aussi dans la troisième année. *Histoire littéraire de la jurisprudence, Herméneutique du droit romain, Medicina forensis. Continuation des examens et des conférences.*

Du reste, que la durée d'études soit de trois ou quatre ans, on recommande expressément de suivre, surtout dans le premier semestre, des leçons de mathématiques et de philologie. Les premières aiguisent l'intelligence et exercent le raisonnement, les dernières maintiennent en communication avec l'antiquité classique, dont l'étude est un préservatif certain contre la routine et contre l'hébétement de l'esprit.

Quiconque se présente devant la Faculté pour soutenir l'examen doit prouver, par les certificats des professeurs, qu'il a suivi les cours désignés par un * dans les deux plans d'études[1].

A ce système large et bien combiné, qui, en donnant à l'étudiant de sages conseils, dirige son choix sans gêner sa liberté, opposons le système de l'enseignement officiel.

Il semble au premier abord que là où l'État se charge de régler l'enseignement, d'en déterminer l'objet et la marche (mission qui n'est pas de son ressort assurément ; qu'il s'assure de son esprit, voilà son droit et rien de plus), il semble, dis-je, que tout devrait être calculé avec soin pour obtenir le meilleur résultat scientifique ; il devrait y avoir sur ce point des usages, des traditions invariables ; car un enseignement qu'on changerait brusquement tous les cinq ou six ans, non-seulement trahirait un défaut d'organisation, mais encore accuserait chez les directeurs des études une légèreté et une absence de principes déplorable.

A-t-on en France quelques principes, quelques idées arrêtées sur l'objet de l'enseignement et le meilleur ordre à suivre ? Je m'en rapporte au tableau ci-joint, et ne veux point faire de critique. Qu'ajouterais-je d'ailleurs à l'éloquence des faits ?

[1] Extrait du *Jahrbuch der deutschen Universitæten,* t. II, p. 273 et suiv.

PLAN D'ÉTUDES.

	1804 [1].	1809 (27 août).	1815 (13 novemb.).
1re année.	1er cours de *Code civil. Institutes de Justinien et droit romain* (*dans ses rapports avec le droit francais*).	Id.	Id.
2e année.	2°. *Code civil. Législation criminelle et Procédure civile et criminelle.*	Id.	Id.
3e année.	3°. *Code civil,* y compris le *droit public français et le droit civil dans ses rapports avec l'administration publique*	Id. et *Code Napoléon approfondi.*	3°. *Code civil. Droit commercial et droit administratif* (par un même professeur).
4e année. Doctorat.	Deux cours de *Code civil* (déjà vus), au choix de l'étudiant. 2° cours d'*Institutes.*	*Code Napoléon approfondi. Code de commerce.*	*Droit français et droit romain approfondi* (par un même professeur).

En 1819, réorganisation complète de l'enseignement : suppression de la *chaire de droit français approfondi,* et de l'*enseignement administratif* joint au cours de droit commercial ; établissement de chaires nouvelles : 1° *Éléments du droit naturel, éléments du droit des gens et du droit public général;* 2° *droit public positif et droit administratif;* 3° *histoire philosophique du droit romain et du droit français;* 4° *économie politique.* (Ce dernier cours n'a pas été classé, et il n'y a point eu de professeur nommé.)

Voici maintenant le plan d'études, plan qui a duré un an; car, sur les réclamations de la Faculté, on l'a changé en juillet 1820 ; deux ans plus tard, on a bouleversé toute la Faculté.

---

[1] Nous donnons l'organisation du 4 complémentaire an XII (21 septembre 1804). La loi du 22 ventôse an XII (13 mars 1804), avait annoncé qu'on enseignerait les *éléments du droit naturel et du droit des gens;* mais il n'en est point question dans le décret complémentaire.

PLAN D'ÉTUDES.

	1819.	1820.	20 mars 1822.	6 septemb. 1822.
1re année.	1er cours *Code civil.* 2e. *Éléments du droit naturel, droit des gens,* etc.	Id. Id. 3o *Histoire du droit romain et du droit français.*	L'histoire du droit est supprimée en 1re année.	Instituts. Code civil.
2e année.	1o 2e. *Code civil.* 2o *Institutes du droit romain.*	Id. Id. 3o *Procédure civile.*	Id.	2e. Code civil. Procédure civile.
3e année.	1o 3e. *Code civil.* 2o *Procédure civile et criminelle,* ou, au choix des étudiants, *Droit public et administratif français.*	Id. 2o Code de commerce. 3o Droit administratif.	Histoire du droit, ou droit administratif (au choix des étudiants).	3e. Code civil. Code de commerce ou Pandectes, au choix de l'étudiant.
4e année.	1o Cours de *Code de commerce.* 2o *Histoire philosophique du droit romain et du droit français.*	Instituts du droit romain. Histoire du droit, Droit administratif (3 cours déjà suivis).		2 cours de Code civil, 1 cours de droit romain. (3 cours déjà suivis.)

Ainsi l'ordonnance du 6 septembre 1822, ordonnance émanée d'un gouvernement brutal et ennemi des lettres, supprime le *droit naturel,* l'*histoire du droit,* le *droit administratif,* et la chaire promise d'*Economie politique,* c'est-à-dire l'enseignement purement scientifique ; *on veut,* dit l'ordonnance, *disposer les cours de la Faculté de droit de Paris, de manière que les étudiants n'y reçoivent que des connaissances positives et usuelles.* Si on y introduit un cours de Pandectes, on a soin de spécifier que les *Institutes de Justinien et les Pandectes seront enseignées principalement dans leurs rapports avec le droit français ;* en d'autres termes, sous le nom de droit romain ou de droit français, il n'y aura plus dans l'Ecole qu'un seul enseignement, celui du Code civil.

Une pensée de vengeance, une idée politique a suffi pour bouleverser toute la Faculté ; et pour punir quelques étudiants mélés dans une émeute, on mutile la science ; grande leçon qu'on ne doit pas perdre, et qui nous apprend quel danger il y a dans tous ces systèmes où l'administration dispense l'enseignement !

Depuis cette ordonnance, qui restera comme une tache sur la mémoire du ministre qui l'a signée, le gouvernement a généralement agi dans un meilleur esprit ; mais l'enseignement n'a pas été plus stable. En 1828, rétablissement du cours de *droit administratif* déclaré obligatoire pour les étudiants de troisième année ; en 1829, création d'une chaire du *droit des gens* et d'une chaire d'*histoire du droit romain et du droit français* pour les aspirants au doctorat ; en 1830 (29 mai), création déjà reconnue nécessaire d'une chaire de *procédure de législation criminelle*, placée à la seconde année ; trois mois plus tard, la Faculté profite de la révolution de Juillet pour obtenir la suppression de cette chaire, *sa création ayant porté atteinte aux droits acquis des professeurs précédemment institués sous le titre de professeurs de législation criminelle et de procédure civile et criminelle* ; en 1834, établissement d'un cours de *droit constitutionnel*, obligatoire pour l'examen de licence ; à la même époque, le Code de commerce est déclaré obligatoire pour les étudiants de troisième année, et les Pandectes sont reportées au cours de seconde année ; en 1835, le droit constitutionnel est reculé d'un an et n'est plus obligatoire que pour les aspirants au doctorat ; en 1837, création d'une chaire de *législation criminelle comparée*, qui, n'étant pas classée, se trouve en dehors de la sphère des études ; en 1840, création d'une chaire d'*introduction générale à l'étude du droit*, placée par l'ordonnance à la première année, mais non déclarée obligatoire et par conséquent à peu près abandonnée. S'arrêtera-t-on là ? Non assurément. Le système actuel prête le flanc aux plus graves objections, et il est probable que des délibérations de la commission il résultera un changement qui déplacera encore une fois certaines parties de l'enseignement.

De cette énumération ne résulte-t-il pas jusqu'à l'évidence

qu'aucune idée scientifique, aucun principe avouable n'a présidé à tous ces systèmes officiels? On a créé des chaires et on les a supprimées par des considérations politiques ou personnelles, et ces modifications ont entraîné des changements arbitraires dans l'ordre des études ; mais on ne s'est jamais posé la question du meilleur système d'enseignement ; on a gêné l'étudiant sans but, sans motif, sans se douter même qu'on dût s'occuper de lui, et qu'il eût quelques droits à faire valoir en pareil cas. Aussi notez bien que tous ces changements n'ont jamais été en progrès l'un sur l'autre, et, par exemple, le plan de 1819, qui met au début les études spéculatives, la philosophie et l'histoire du droit, nous semble mieux calculé que l'ordre régnant, dans lequel la philosophie du droit est supprimée, et l'histoire du droit placée à la quatrième année, c'est-à-dire hors de la portée des neuf dixièmes des étudiants.

Chose bizarre! en Allemagne, sous des gouvernements abso—lus, les études sont complétement libres et en dehors de l'action de l'État. En France, dans un pays libre, c'est tout le contraire, et le gouvernement tient tout dans sa main. Cependant, c'est dans le premier pays, où tout est permis, que règnent l'ordre et la stabilité ; c'est dans le second, où tout est défendu, que tout est arbitraire et variable à l'infini. Qui jamais a entendu parler de suppression ou de déplacement de chaires à Halle, à Leipsig, à Berlin? Depuis longtemps l'expérience, les conseils des professeurs ont introduit et fait accepter librement un ordre d'études régulier, au moins pour ce qui concerne les parties principales de la jurisprudence. On a pu reconnaître dans les programmes de Bonn et de Leipzig quelques principes communs, aussi sages que féconds, et à ce titre généralement adoptés par les étudiants ; c'est, par exemple, de consacrer la première an-née aux études spéculatives, de n'aborder les études spéciales qu'après les générales, de réserver pour la fin les exercices pratiques; mais je défie qu'on tire un principe quelconque des essais tentés en France. Pas un cours qui n'ait été ar-bitrairement placé ou déplacé, hormis le Code civil, qui doit sans doute à sa division en trois parties son apparente immobilité.

Il faut donc reconnaître que l'ordre officiel ne peut pas se défendre au point de vue scientifique ; il est arbitraire, il est exclusif, il est antipathique à la liberté d'esprit nécessaire à quiconque veut travailler. C'est en outre un embarras pour le gouvernement qu'il charge mal à propos d'un rôle qui ne lui convient pas, celui d'administrateur et de dispensateur de la science. La liberté d'études, au contraire, ne gêne en rien la surveillance politique de l'État, tout en le débarrassant d'une responsabilité périlleuse. Aussi ne douterais-je pas du triomphe de cette réforme, si, malheureusement, le système régnant ne se liait à l'une des plus détestables institutions qui, chez nous, compriment l'enseignement, je veux parler DES EXAMENS.

§ 3. — Des examens.

Je réclame toute l'indulgence et toute l'attention du lecteur, car j'attaque des idées depuis longtemps reçues, et un régime condamné, il est vrai, depuis longtemps à l'étranger, mais dont en France on ne paraît pas même soupçonner les défauts.

Quel est le but d'un examen? c'est de forcer l'étudiant à s'assurer de ses connaissances, et, en même temps, de donner à l'État et au maître la certitude que l'élève a profité des leçons qu'il vient chercher à la Faculté. Un pareil but n'a rien que de louable, et, pour ne parler que de l'étudiant (puisque nous supposons toujours les droits de l'État garantis par une épreuve finale), c'est un excellent exercice que de le forcer à revenir sur ce qu'il croit savoir, à s'interroger, à s'éprouver, à exercer sa mémoire après avoir exercé son intelligence et son jugement. Mais les meilleures choses ont des inconvénients quand on les exagère, et il est évident, par exemple, que si l'on multiplie les examens de façon à ôter aux étudiants le temps nécessaire pour travailler sérieusement; si l'on gêne, par cette direction forcée, la libre action de leur intelligence ; si l'on donne tout à la mémoire et rien au jugement, on a dépassé le but qu'on voulait atteindre. Un moyen de contrôle doit toujours rester au second plan et ne pas usurper la place de la science ; car, ce qui importe avant tout, c'est évidemment que l'étudiant soit instruit, et non pas qu'il soit examiné.

En est-il ainsi dans notre système, et le contrôle des études est-il contenu dans de justes limites ? Je dis que non, et qu'avec le nombre légal et la mauvaise distribution des examens, il est déjà à peu près impossible d'étudier ce qu'on enseigne à Paris, quelque peu complet que soit cet enseignement. Si l'on veut admettre, en effet, qu'avant de se préparer à une épreuve aussi sérieuse, l'étudiant est obligé, pendant les deux mois qui la précèdent, de négliger les leçons ordinaires pour ne s'occuper que des matières sur lesquelles il sera interrogé, on trouvera que cinq épreuves (y compris la thèse), donnent dix mois de préparation ; en d'autres termes, que sur trois années il y en a une de perdue pour l'étude et consacrée par l'élève à revoir ce qu'on a dû lui apprendre, ce qu'on ne lui a pas toujours appris. Enlever à l'étudiant un tiers, ou, si l'on trouve que j'exagère, un quart, même un cinquième de son temps utile, franchement c'est trop, et il semble que deux ou trois bons cours de législation criminelle, d'histoire ou de philosophie du droit, remplaceraient avantageusement, pour lui, le temps qu'on lui fait perdre à de stériles épreuves ; au moins l'intéresseraient-ils à la science, au lieu de l'en dégoûter, comme font ordinairement les examens.

Ce n'est pas seulement par leur multiplicité que les examens entravent les études, c'est encore par leur mauvaise distribution.

On comprend une organisation dans laquelle chaque année se termine par une épreuve sur le sujet enseigné dans ce laps de temps, en supposant, toutefois, que chaque année comprenne un enseignement complet[1]. Mais ce qu'il est difficile d'admettre

[1] Qu'est-ce, par exemple, qu'un examen qui porte sur le premier tiers du Code civil ? Est-ce que par hasard le tiers du Code civil forme une science distincte, et qui peut s'apprendre par elle-même et indépendamment du

comme raisonnable, c'est une épreuve étrangère au cours professé dans l'année, qui vient surprendre l'élève au milieu de ses travaux réguliers, et le force de négliger son professeur pour se consacrer tout entier à des études terminées quinze ou dix-huit mois plus tôt. Tel est le premier examen de licence, et, sur ce point, je laisse parler un juge des plus compétents, M. Foucart, doyen de la Faculté de Poitiers, qui tient un rang si honorable dans la science, comme professeur et comme écrivain [1].

« Le premier examen de licence porte sur le droit romain, « dont les élèves n'ont pas entendu parler depuis la première année « d'études [2]. *La nécessité de revoir tout le droit romain fait une* « *fâcheuse diversion à l'étude des droits civil, commercial et admi-* « *nistratif.* Je serais d'avis de le supprimer, convaincu qu'il est « sans utilité pour les étudiants qui ne prennent que le grade de « licencié [3]. » J'ajouterai : non-seulement il est sans utilité, mais il est nuisible. L'étudiant arrive presqu'au milieu de l'année sans s'être occupé des leçons de la Faculté, il se trouve alors en présence d'un dernier examen fort chargé, suivi de la thèse; que faire en pareil cas? On force le travail, c'est-à-dire on surcharge sa mémoire, souvent même on a recours à ce que nos ancêtres nommaient un *siffleur d'examens*, et, tant bien que mal, on arrive au port. Trois mois après le triomphe on ne sait plus un mot de cette leçon si péniblement apprise, et on serait hors d'état de recommencer l'épreuve. Mais qu'importe ? l'État et

reste? Est-ce qu'on connaît réellement le droit des personnes, quand on n'a pas entendu parler du droit d'obligation ou de succession? Les connaissances de l'étudiant sont toutes provisoires, jusqu'à ce que, parvenu à la fin du cours, il embrasse d'un seul coup d'œil l'ensemble de l'enseignement; un jour nouveau éclaire alors toutes les parties, et fait disparaître ce qui jusque-là était nécessairement resté dans l'obscurité. A ce moment on peut s'assurer que l'étudiant a compris le Code et qu'il le sait; avant on ne peut constater qu'une seule chose, s'il a bonne mémoire.

[1] Rapport, p. 106.

[2] A Paris, ils ont eu un cours de Pandectes, mais ce cours n'a souvent rien de commun avec les Instituts sur lesquelles porte le fort de l'examen.

[3] Strasbourg demande aussi la suppression de cet examen. Rapport, p. 77.

la Faculté ont obtenu le résultat désiré : ils ont fait un licencié.

Je suppose ces défauts corrigés, et qu'on admette le sage principe de ne faire d'examens que *sur une matière complétement étudiée, et à une époque où l'épreuve ne pourra pas faire tort à l'enseignement régulier;* on n'aura pas encore remédié au mal que produit la multitude des examens. L'étudiant ne sera pas moins obligé de suivre certains cours dans un ordre et dans un temps donnés, sans avoir même la possibilité d'apprendre autre chose que les matières exigées. Nous revenons toujours à la science officielle avec les défauts que nous avons déjà signalés. Quatre ou cinq cours pratiques, tel est le cercle dont il est impossible de sortir. Quant aux études philosophiques, historiques ou pratiques, qui ne font point partie du programme de l'Etat, il sera permis aux jeunes gens de s'y livrer à leur sortie de l'école; autrement dit, leur éducation officiellement terminée, il faudra la recommencer s'ils veulent savoir quelque chose ; s'ils désirent être savants, ils iront étudier autre part que dans la Faculté, l'histoire et la philosophie du droit. Magistrats, ils apprendront autre part que dans la Faculté, les théories du droit pénal, la pratique civile et criminelle, l'art de faire un rapport ou de rédiger un jugement. Avocats, ils entreront chez l'avoué, ou dans une conférence, pour connaître un dossier et s'essayer à parler ; membres de l'administration, il ne leur restera plus à étudier que la législation fiscale, industrielle, ou financière, toutes superfétations qui encombreraient l'enseignement de la Faculté, et auxquelles d'ailleurs les examens ne laissent point de place. Ainsi l'étudiant, quelle que soit la carrière à laquelle il se destine, *quel que soit le temps qu'il veuille passer dans la Faculté*, ne saura pas le quart ou la moitié de ce qu'il faut savoir ; mais il aura été cinq fois examiné s'il veut être licencié, et huit fois s'il lui plaît d'être docteur ; n'est-ce pas le cas de s'écrier avec un personnage de comédie : *Oh! admirable puissance de... l'examen!*

Mais, dira-t-on, la majorité des étudiants ne travaille qu'en vue de l'examen ; supprimez cette épreuve, ou reportez-la à la fin des études, pendant trois années l'élève ne fera rien ; l'Etat doit empêcher ce résultat désastreux, il doit en outre garantir au père de famille que son fils ne perd pas son temps dans les écoles, et le surveiller autant que faire se peut. Or, cette surveillance, le seul moyen de l'exercer, c'est l'examen.

Ce raisonnement est plus spécieux que solide. En premier lieu, il est difficile d'admettre que l'Etat soit nécessairement substitué au père de famille dans la surveillance individuelle des étudiants ; le devoir de l'Etat, c'est d'organiser l'enseignement de la façon la plus utile, et la plus attrayante pour tout homme de bonne volonté ; mais il ne doit rien aux paresseux, aux débauchés, aux incapables. Aller plus loin, c'est transformer le gouvernement en maître d'école, et la Faculté en pensionnat. Ainsi, en dernière analyse, la question du devoir de l'Etat n'est autre chose que la question du meilleur enseignement.

L'étudiant, dites-vous, ne travaille qu'en vue de l'examen : d'accord avec vous sur ce fait, j'en tire des conséquences différentes des vôtres, et je dis que c'est précisément l'examen qui est la cause du marasme de vos Facultés. C'est le système de contrainte qui ôte à l'étudiant le goût du travail et l'amour de la science. C'est ce que prouve l'exemple de l'Allemagne, où le pays à examens, l'Autriche, est précisément celui dans lequel on ne travaille pas. C'est ce que démontre le plus simple raisonnement ; et en effet, dans un système de liberté, on conçoit qu'un jeune homme bien né, laborieux (et c'est pour ceux-là qu'est fait l'enseignement, et non pour faire travailler à coups d'examen l'homme qui ne veut rien faire, et qui, mauvais étudiant, sera plus tard un mauvais serviteur de l'Etat), on conçoit, dis-je, qu'un jeune homme qui a choisi ses maîtres, ses leçons, ses méthodes, se passionne pour des études de son goût. C'est le premier usage de la liberté, et ce premier usage peut répandre un certain charme sur des doctrines plus arides que celles de la jurisprudence.

Mais l'homme de vingt ans, que vous traitez comme un enfant, et auquel vous imposez des leçons, des maîtres, des méthodes sans le consulter, sans vous inquiéter de la nature de son esprit, de son degré de culture, de ses inclinations scientifiques, pourquoi voulez-vous qu'il se passionne pour des études qu'il n'a pas choisies? Si le maître que le hasard lui donne est un de ces hommes rares qui savent communiquer le feu sacré aux natures les plus froides ; si, par une seconde chance non moins favorable, sa méthode est celle qui convient au génie de l'élève, alors ce dernier travaillera sans doute ; mais si le professeur (sans cesser d'être un homme de talent), n'a point le secret d'exciter l'attention de ses auditeurs; s'il n'y a aucune sympathie entre lui et les jeunes gens qui l'écoutent; si en un mot, il les ennuie, que voulez-vous que fasse l'étudiant, lié malgré lui à un maître qu'il n'a pas choisi? Contrarié dans ses dispositions naturelles, pourquoi voulez-vous qu'il se fatigue à comprendre des idées qui lui semblent mal exposées? S'il est studieux, il préférera un bon livre à des leçons qui ne lui plaisent pas ; paresseux et découragé, il se mettra au travail à la veille de l'examen ; dans les deux cas, tout le mérite de l'enseignement oral est perdu.

Ainsi le régime de contrainte aura produit des effets diamétralement opposés à ceux qu'on en espérait. Vous avez cru qu'on pouvait d'autorité intéresser l'élève à la science, vous ne l'avez intéressé qu'à l'examen. C'est de la science la seule chose qui le concerne, et de l'étude il ne connaît que les ennuis. Vous avez cru tout au moins le forcer à être attentif, en l'amenant malgré lui devant la chaire du professeur, vous n'avez pas même obtenu ce résultat. Présent de sa personne, son esprit est absent ; régenté comme un écolier, il considère le droit comme un écolier le latin; pourvu qu'il sache sa leçon au jour donné, qu'importe le reste? Répondre à l'appel, se préparer à l'examen, le passer tant bien que mal, telle est l'occupation des trois plus belles années de la vie ; puis, ces trois années aussi bien remplies, on sort victorieusement de la Faculté aussi étranger à la science qu'au professeur. Est-ce là une fiction, ou l'histoire de la plupart des étudiants? j'en fais juges ceux qui ont passé par l'école de droit.

Qu'on ne croie pas du reste que ce soit d'aujourd'hui qu'on s'aperçoive des inconvénients d'un pareil système ; on s'en plaignait dès avant la révolution, et voici ce que disait à ce sujet, en 1791, devant la Constituante, un homme qu'on n'accusera pas d'être un esprit exagéré, et qui assurément était désintéressé dans la question, c'est M. de Talleyrand[1] :

« *Jusqu'à ce jour on a exigé que les élèves parcourussent tous les degrés et tous les temps de l'instruction ; la loi était inflexible à cet égard autant que minutieuse. Le temps des inscriptions, le passage d'une classe à l'autre, l'époque où chaque formalité devait s'accomplir, l'apparence même de l'assiduité étaient prescrites avec une importance qui n'admettait pas d'exceptions. Ainsi l'on exigeait tout, hors la science*, car on peut feindre l'assiduité, éluder les précautions, remplir extérieurement de vaines formes, mais la science seule ne se contrefait pas, *et c'est elle seule qu'on a droit de demander aux élèves.*

« *Une mesure uniforme de temps et d'études est injuste à imposer, quand la nature a départi aux hommes une mesure inégale d'attention et de mémoire.*

« *Offrez* les secours de la méthode et les avantages de l'assiduité aux esprits dont ce double bienfait rendra la marche plus directe et plus sûre.

« *Mais ne les commandez pas* aux esprits dont l'ardeur n'y verrait qu'un assujettissement pénible et le souffrirait avec impatience. *Craignez que le dégoût d'une route uniforme et lente ne produise chez eux celui de la science elle-même.*

« *Offrez à tous un fil conducteur ; ne donnez de chaînes à personne, et n'admettez que ceux qui parviendront au but, c'est-à-dire qui seront véritablement instruits.* Ne leur demandez pas quel temps ils ont mis à se former, mais s'ils ont acquis beaucoup de connaissances ; ne les interrogez pas sur leur âge, mais sur

---

[1] Rapport sur l'instruction publique, fait le 29 septembre 1791, au nom du Comité de constitution des États-Généraux, par de Talleyrand-Périgord, dans le *Recueil* de M. de Salvandy, p. 402.

leur capacité ; non sur leur assiduité aux leçons, mais sur le fruit qu'ils en ont tiré.

« Qu'un examen long et approfondi réponde de la capacité des aspirants, mais que cet examen ne soit pas illusoire, que ce ne soit pas une vaine formalité. On a trop longtemps bercé les hommes avec des paroles, il est temps d'obtenir des réalités ; qu'elles soient garanties par des moyens infaillibles. *La présence du public avant tout*, car l'œil du public écarte l'ineptie par la honte, et rend impossibles les fraudes et les préférences.

« Il existe dans l'émulation des élèves un ressort puissant dont la main du législateur habile doit aussi s'emparer. Laissez-le, *joignez-y celui de leur intérêt personnel, et vous aurez la meilleure garantie de la réalité et de l'efficacité des examens.* »

Mettre le légitime orgueil et le légitime intérêt de l'étudiant à bien faire, tel est tout le secret d'une bonne éducation. C'est ainsi qu'on agit en Allemagne, c'est ainsi qu'on devrait agir en France, si nous ne vivions dans un pays où les belles paroles ont trop souvent tenu lieu de la réalité. En Prusse, dans une monarchie absolue, l'étudiant qui travaille n'a point à s'inquiéter de son avenir à la fin de ses études ; qu'il soit savant, c'est la seule chose qu'on lui demande. Pauvre ou riche, noble ou non, la science, au bout de trois années, lui ouvrira infailliblement la magistrature et l'administration. Cette carrière offerte au plus digne, fait du temps d'université un concours perpétuel, où l'émulation et l'intérêt des jeunes gens sont toujours en jeu, et ne leur laissent point un instant de repos. En France, pays de beau langage, la Charte promet à tous les citoyens une égale admissibilité dans les services publics ; mais depuis trente ans on n'a pas encore imaginé qu'entre des titres égaux le mérite seul et le travail devaient décider. Il en est de cette vérité officielle comme de beaucoup d'autres, *sunt verba et voces*. Ce qui fait un candidat en Allemagne, c'est le savoir ; ce qui fait un magistrat en Prusse, c'est la science ; mais en France, ce qui fait un licencié, c'est un examen ; ce qui fait un magistrat, c'est un député. Et l'on s'étonne que l'étudiant ne se consacre pas sans arrière-pensée à cette science qui ne le mène à rien? mais c'est le contraire qui serait un prodige !

Le système d'examens a encore un autre défaut grave, qui touche l'État autant que les étudiants. Non-seulement il donne à l'éducation une direction forcée, comme nous venons de le montrer, mais les études mêmes qu'a choisies le gouvernement, il les fausse. En d'autres termes, il y a dans chaque Faculté non-seulement une science officielle, mais un droit romain, un droit civil tout particuliers. Chaque Faculté, chaque professeur a ses doctrines propres; pour réussir à l'examen, il faut les connaître; il faut épouser les idées et même les préjugés de celui qui interroge, car ce qui est vérité pour l'un ne l'est pas toujours pour l'autre; et telle théorie sur l'usufruit ou le mariage peut changer du blanc au noir la couleur de la boule entre les mains de tel ou tel professeur. De là, pour le candidat, nécessité d'étudier, non point la science en elle-même, mais les idées particulières du maître; nécessité de préférer au meilleur livre le premier manuel où ces idées, bonnes ou mauvaises, sont consignées. Ainsi on ne lui laisse même pas l'usage de son libre arbitre dans le cercle étroit tracé par l'État.

Cet inconvénient, qui tient du reste moins à l'examen en lui-même qu'à l'organisation du jury, n'est point particulier à l'École de droit. Les médecins élèvent les mêmes plaintes, et avec raison. Supposons en effet (et cette hypothèse n'est peut-être pas loin de la réalité), supposons qu'une Faculté n'accepte pas tout d'abord le progrès scientifique (quelle compagnie savante n'a pas commis de semblables erreurs !); que, par exemple, à une époque où l'histoire s'est fait admettre comme un élément nécessaire de toutes les connaissances humaines, et a renouvelé toutes les méthodes, il se trouve quelque part une École qui repousse obstinément les recherches historiques comme une inutile curiosité; qu'arrivera-t-il? la science se développera en dehors de la Faculté; il y aura sur le droit romain comme sur le droit français un renouvellement de doctrines qui changera l'esprit juridique de la nation tout entière, et qui se fera jour par la jurisprudence et la législation ; mais au milieu de ce progrès général de la théorie et de la pratique, la Faculté restera immobile, et il faudra que les étudiants acceptent forcément cette immobilité. Ainsi, de cette jeunesse, l'espoir de l'avenir, de cette jeunesse par qui se fait le progrès, l'éducation se trouvera pervertie, non pas même dans un but politique, mais pour complaire aux préjugés de six professeurs !

Pour remédier à ce défaut visible, on a proposé des jurys mixtes, composés de professeurs et de magistrats ; l'intention, est bonne, et pour un concours final qui porte sur un grand nombre de matières, qui se compose d'épreuves communes, de compositions écrites, nul doute qu'un bureau mi-parti, en ne permettant pas à l'esprit de secte de prévaloir, n'offrît une suffisante garantie ; mais si l'on conserve l'organisation présente, c'est-à-dire des examens individuels sur un petit nombre de matières, et trois ou quatre personnes pour interroger, qu'obtiendra-t-on, en remplaçant le professeur par un homme étranger à l'enseignement? Au lieu des doctrines particulières du maître, on aura celles du magistrat, en général moins au courant de la science et moins curieux de la théorie. Mais ces doctrines, comment pourra-t-il demander aux étudiants de les connaître, puisqu'on ne les aura pas enseignées? Comment les fera-t-il prévaloir sur celles des membres de la Faculté? Sa position sera donc fausse. Les opinions des professeurs s'exagéreront par la contradiction, l'élève sera plus incertain que jamais. Le remède n'est pas là, et toutes ces combinaisons ne feront que prouver le danger du système régnant, et la nécessité d'adopter le régime de la liberté.

Jusqu'ici nous n'avons considéré l'examen que par rapport à l'étudiant ; mais cette institution n'est pas moins désastreuse pour le professeur, qu'elle gêne dans ce que je ne crains pas de nommer le premier de ses droits, je veux dire le libre choix de sa méthode.

Si nous n'étions sous l'empire de préjugés invétérés, il nous serait difficile de comprendre comment on a pu adopter un système qui détruit à ce point la liberté d'esprit du professeur. Rien ne nous semblerait plus ridicule qu'une loi qui ordonne, par exemple, d'enseigner le Code civil *en trois ans et dans l'ordre suivi par le Code.* Pourquoi en trois ans, à trois heures par semaine, plutôt qu'en dix-huit mois, à quatre heures et demie; plutôt qu'en un an, en neuf heures? (C'est ainsi, par exemple, que s'enseigne le Code autrichien, aussi long que le nôtre; il occupe toute la seconde année d'études à dix heures de leçon par semaine). Est-ce qu'il y a dans cette division en trois années quelque vertu particulière? Et, tout au contraire, n'est-il pas mauvais de tenir l'attention de l'étudiant aussi longtemps fatiguée sur un même objet? C'est l'examen qui a fait introduire cet usage bizarre, et dont je ne connais point d'exemple en d'autres pays, et ce n'est pas encore ce qu'il a produit de plus singulier. Une conséquence nécessaire de cette mutilation du Code en trois membres égaux, c'est d'imposer au professeur la nécessité d'enseigner dans l'ordre même du Code. Cet ordre, je n'entends ni l'accuser ni le défendre; il peut être d'ailleurs excellent pour une loi, mauvais pour un cours. Mais quoi de plus ridicule que de gêner ainsi la liberté du maître? Qu'importe à l'État qu'on commence par le droit d'obligation, ou le droit des personnes, pourvu qu'on les enseigne tous les deux? Qu'a-t-il besoin de prendre parti pour la méthode exégétique plutôt que pour la méthode dogmatique, qui se partagent la science depuis qu'elle existe, et quel danger politique y a-t-il à ce qu'on enseigne, trois ans plus tôt ou trois ans plus tard, qu'*en fait de meubles, possession vaut titre?* Au point de vue scientifique, une telle gêne peut-elle se défendre? Néanmoins on a vu, il y a quelques années, la première Faculté du royaume en feu pour une aussi grave question : il y a eu délibération, discussion, partage de voix, et la liberté menaçait, dit-on, de l'emporter, grâce à la voix prépondérante du doyen, quand le ministre lui-même est intervenu pour faire tout rentrer dans l'ordre accoutumé. L'intérêt de l'examen exigeait cette mesure, et le ministre avait peut-être raison en ce point ; mais quelle vertu magique a donc cette idole pour qu'on lui sacrifie sans pitié, depuis quarante ans, la liberté du professeur et celle de l'étudiant, en un mot, la science même!

Un autre inconvénient non moins sérieux, c'est que dans une École aussi nombreuse que celle de Paris, les examens enlèvent au professeur la plus grande partie de son temps. Je ne crois pas exagérer en disant qu'ils lui prennent trois mois entiers dans l'année [1], trois mois d'une occupation inféconde et fatigante outre mesure. Que revient-il à l'étudiant, au professeur, à l'État, d'une pareille organisation ? Le résultat est assurément hors de proportion avec une telle déperdition de forces, surtout quand on songe que *le quart du temps perdu à l'examen suffirait pour doubler l'enseignement de la Faculté !*

On a si bien senti que le métier d'examinateur était un travail pénible et en dehors des fonctions véritables du professeur, qu'on a attaché à l'examen une indemnité qui, à la fin de l'année, forme un supplément de traitement assez considérable. L'idée de rémunérer le professeur par un traitement proportionnel à la peine qu'il se donne est excellente, et le traitement proportionnel est l'une des causes de la prospérité des Universités allemandes, comme nous le dirons plus loin. Mais il est malheureux qu'on ait appliqué l'indemnité à un travail aussi stérile. C'est à enseigner, et non point à examiner qu'il faut mettre la gloire et l'intérêt du professeur.

Il y a d'ailleurs, dans cette organisation, un vice qui suffirait pour attirer l'attention du gouvernement. Le nombre des examens étant peu variable, la création d'une chaire nouvelle, en amenant

---

[1] Il y a eu à Paris, en 1841, quatre mille cinq cent trente-un examens et thèses, et quatre mille cent trente-huit en 1844. A trois professeurs par examen, cela fait pour chaque professeur plus de sept cents examens, ou sept cents heures de travail utile. En d'autres termes, sur la somme de temps consacrée à l'État par le professeur, les sept huitièmes environ sont perdus pour tout le monde, et il se trouve qu'un professeur allemand, qui enseigne seize heures par semaine, est en réalité plus libre et moins chargé qu'un membre de la Faculté de Paris donnant trois heures de leçons. Quelle différence cependant dans le résultat final!

dans l'École un nouvel examinateur, a pour effet de diminuer
proportionnellement l'indemnité ordinairement touchée par les
membres de la Faculté ; si bien que ce qui enrichit la science
ruine le professeur. Il y a là une position fausse pour l'État aussi
bien que pour la Faculté. En effet, en diminuant ainsi le traitement du professeur d'une façon arbitraire, imprévue, l'État, tout
en usant de son droit, trompe des espérances légitimes, et
change les conditions auxquelles un savant est entré à son
service. Je n'insisterai pas sur ce point fort délicat, mais qui
mérite grande considération ; je dirai seulement que, pour la facilité de toute réforme présente ou à venir, il y aura toujours
intérêt pour l'État à ce que la question de traitement reste in-
dépendante de tous les changements que peut exiger la science ;
il faut qu'on puisse, aussi souvent qu'il sera nécessaire, toucher
à l'enseignement sans toucher à la condition de celui qui le
donne. C'est la seule manière légitime de concilier le droit du
professeur et le droit de l'État.

En résumé, le système d'examen, qui est la pierre angulaire
de nos Facultés, est, selon nous, tout à fait mauvais ; il fatigue
et gêne le professeur, donne aux études une fausse direction,
et dégoûte les jeunes gens de la science. Le système allemand,
qui laisse à l'étudiant la libre disposition de son travail et le
choix des méthodes, est infiniment plus satisfaisant au point de
vue scientifique ; et quant à l'intérêt de l'État et de la société,
il est suffisamment garanti par un seul examen final. C'est sur
cette question des examens (qui n'est point touchée dans le
rapport du ministre) qu'il est urgent d'appeler toute l'attention
de la Commission ; car c'est le pivot sur lequel roule tout le
système ; et si on ne le change pas, toute modification est à
peu près impossible ; il ne reste à l'étudiant et au professeur
ni le temps, ni la liberté nécessaires pour agrandir la sphère
de leurs études. Les examens supprimés, vous pouvez exiger
deux et trois fois plus de l'élève et du maitre, avec une fatigue
moindre de moitié. La suppression ou le maintien des examens, c'est là, je le répète, une question de vie ou de mort

pour la réforme que le ministre essaye aujourd'hui avec une
fermeté digne du succès.

§ 4. — De la liberté du professorat (*Lehrfreyheit*).

Pour que l'enseignement fût établi sur un principe solide et
que puissent avouer la science et la raison, il ne suffirait pas
d'accorder à l'élève le droit d'étudier dans l'ordre qui lui plai-
rait le mieux, ni de concéder au professeur le libre choix de
ses méthodes ; il faut encore qu'on trouve dans la Faculté,
à côté des cours exigés pour l'examen final, l'enseignement de
toute matière qui offre un intérêt théorique ou pratique ; autrement, en effet, la liberté d'études n'est qu'un vain leurre, et
nous retombons dans les inconvénients de la science officielle. Il faut, en outre, que chacun de ces objets d'études soit
enseigné par plusieurs maîtres, afin que l'élève puisse choisir
entre diverses méthodes celle qui convient le mieux à la nature
de son esprit ; car, évidemment, s'il n'y a qu'un professeur
pour chaque discipline, la liberté n'est pas complète ; et d'ailleurs, rien n'est plus antipathique à la vérité que le monopole.

Quant au professeur, il lui faut une liberté non moins grande.
Ce n'est point assez de le laisser maître de ses méthodes, si,
enfermé dans une seule chaire, il lui est interdit de sortir de
cet étroit domaine : le forcer à faire, pendant toute sa vie,
un seul et même cours, c'est le condamner à l'immobilité ;
c'est vouloir qu'au bout de vingt ans il prenne cet enseignement borné pour la science tout entière, et, par exemple , qu'il
ne connaisse à la jurisprudence d'autre sphère que le Code civil.

Enfin, l'intérêt même de la science exige impérieusement la
liberté du professorat. Dans un pays bien organisé, c'est par le
professeur que le progrès doit se faire ; c'est par lui et non par
le gouvernement que doit être introduite dans la Faculté toute
doctrine nouvelle qui a acquis un degré de développement suffisant. Le ministre, quelque éclairé qu'on le suppose, ne peut pas

être tout à la fois le plus avancé des jurisconsultes, des médecins, des littérateurs, des savants ; il faut donc qu'il s'en remette à chaque Faculté du soin de tenir l'enseignement au niveau de la science, niveau qui s'élève et change chaque jour ; il faut, par conséquent, que la Faculté, ne soit en rien gênée dans la disposition et le choix de ses leçons, et qu'elle puisse combiner un enseignement fixe exigé par l'État avec un enseignement variable exigé par le progrès scientifique. Que le ministre surveille l'esprit de l'éducation, qu'il s'assure qu'aucune doctrine subversive n'est professée dans un établissement qui vit sous la garantie de l'État ; là est son devoir et son droit, qui est d'une nature toute politique.) Quant à la science, toutes les fois qu'il y touchera, il lui fera autant de mal que de bien. Elle vit de liberté et non de protection.

Ce difficile problème d'un enseignement toujours complet, et donné par un nombre de professeurs suffisant pour maintenir en tout temps une salutaire concurrence entre les maîtres et un libre choix pour les étudiants, l'Allemagne l'a résolu de la façon la plus heureuse et la plus économique, par l'organisation de son professorat. Tandis qu'en France, où l'enseignement est immobile, le gouvernement est sans cesse sollicité d'intervenir dans l'administration intérieure des Facultés, tandis qu'on demande de toutes parts des chaires nouvelles, des réformes, des améliorations, de l'autre côté du Rhin les Universités sont comme un grand ressort qui marche et se remonte tout seul. Chaque jour amène un mouvement, une modification insensibles, et, sans que l'État intervienne autrement que par une sage surveillance, l'enseignement s'élève et suit la science dans ses moindres progrès.

Voici ce système, qui n'est tout entier qu'une sage application du principe de liberté.

Je n'ai pas besoin d'exposer en détail le mode de nomination aux chaires vacantes ; ce mode est indifférent à l'organisation même du professorat, et on peut admettre en France la liberté d'enseignement sans toucher à l'arche sainte du concours. Je dirai seulement qu'en Allemagne on est unanime pour repousser le concours comme une mauvaise institution, et que les professeurs sont ordinairement choisis sur la présentation de la Faculté. Le choix, qui porte en général [1] sur des hommes déjà éprouvés comme agrégés (*ausserordentliche Professoren*) ou professeurs libres (*Privat docenten*), offre à l'Etat non moins qu'à la science des garanties suffisantes, en même temps que la rivalité des diverses Universités empêche le népotisme ou la faveur de prendre pied dans la Faculté. Le ministre d'ailleurs n'est pas obligé de suivre l'ordre de présentation, et l'opinion publique, souvent trop rigide en France, lui laisse en ce point une assez grande indépendance. Dans le choix du professeur le droit de l'Etat est entier.

Mais une fois la nomination faite, c'est-à-dire une fois que le gouvernement, après s'être assuré du mérite et des principes du candidat, en a fait un membre de l'Université, le professeur ne dépend plus que de lui-même : il peut enseigner ce qu'il veut, comme il veut, quand il veut. Il est titulaire d'une chaire; mais ce titre, qui l'oblige, en certains cas, à donner l'enseignement qu'on lui a plus spécialement attribué, n'empêche ni le droit qu'ont tous ses confrères de donner des leçons sur le même sujet, ni le droit qui lui appartient d'enseigner telle partie de la science qu'il lui plaira de choisir. L'Etat, si je puis me servir de cette expression, adjuge en bloc à la Faculté la totalité de l'enseignement; la répartition des leçons est une affaire d'intérieur. En d'autres termes, le gouvernement ordonne qu'un certain nombre de cours, qu'il juge nécessaires pour obtenir une connaissance solide du droit, seront donnés dans les trois années que l'élève passe à l'Université, de façon que chaque étudiant puisse recevoir une éducation complète et se présenter au concours avec des chances égales à celles de ses concurrents.

[1] Je dis en général, car il n'est pas rare de voir appeler au professorat un magistrat ou un écrivain ; et si le candidat n'est pas docteur, la Faculté a le droit de lui décerner un diplôme *honoris causa*, qui lui confère le titre et les privilèges du doctorat. Voy. Koch, t. I, p. 89.

Ce *minimum* d'enseignement déterminé, l'Etat s'en remet à la Faculté du soin de le distribuer. Au commencement de chaque semestre, les professeurs se réunissent pour se partager les leçons. L'attribution une fois faite, chaque professeur est parfaitement libre de donner, outre le cours ou les deux cours qui lui échoient, toute autre espèce d'enseignement juridique, qu'il figure ou non sur le programme officiel, qu'il soit ou non professé par un ou plusieurs de ses collègues. Dans ce système, il est rare qu'un cours important ne soit pas donné deux fois dans chaque semestre par deux différentes personnes, c'est-à-dire que l'étudiant n'ait pas à choisir chaque année entre quatre professeurs ; il est également sans exemple qu'on s'en tienne à l'enseignement officiel et qu'on ne cherche point à introduire quelques leçons nouvelles sur des sujets non exigés par l'Etat ; admirable combinaison qui ménage à la fois l'intérêt de la science, de l'étudiant et du professeur.

Qu'on ne s'imagine pas que le hasard ou la coutume aient seuls produit cette organisation, les gouvernements d'Allemagne se rendent parfaitement compte de l'instrument précieux qu'ils possèdent ; les textes officiels suivants prouveront avec quel soin jaloux l'Etat défend la liberté du professorat, ressort principal de ses Universités [1].

« § 39. La Faculté garantit *in solidum* à l'Etat que l'enseignement sera complet. On entend par là que tout étudiant, restant trois années consécutives dans l'Université, doit avoir occasion d'entendre *au moins deux fois* les leçons données sur les principales disciplines juridiques. Sont considérées comme disciplines principales : l'*Encyclopédie juridique*, la *Méthodologie* et l'*Histoire des sources*, — le *Droit naturel* (ou *philosophie du droit*), — le *Droit romain* (*Histoire du droit*, — *Institutes*, — *Pandectes*, — *Exégèse*), — le *Droit privé germanique* (*Histoire de la constitution et de la législation* [2]), — *Droit*

---

[1] *Statuts de la Faculté de droit de Berlin*, du 29 janvier 1838. Koch, t. I, p. 95.

[2] C'est ainsi que je traduis le *Staats und Rechts-Geschichte*.

privé, — *Droit féodal*), — le *Droit public*, — le *Droit canon*, — le *Droit criminel*, — le *Code prussien* (*Landrecht*), — le *Droit des gens européen*, — la *Procédure criminelle*, — la *Procédure civile*, — l'*Introduction à la pratique* (*Collegia practica* [1]).

« § 40. Font partie de l'enseignement que doit donner la Faculté, non-seulement les leçons des professeurs titulaires, mais aussi celles des agrégés [2]. — Quant aux cours des professeurs libres (*privat docenten*), on ne les compte pas.

« § 41. Chaque semestre, un mois avant la publication du catalogue des leçons, le doyen réunit les titulaires et les agrégés, pour s'assurer qu'on ne manquera pas de donner les cours principaux, et pour éviter la collision aux mêmes heures de ces leçons principales.

« § 44. Il y a, dans la Faculté, six titres de professeurs ordinaires (*Ordentliche nominal professuren*) : 1° *Institutes et Droit romain;* 2° *Pandectes;* 3° *Droit canonique;* 4° *Droit public;* 5° *Droit germanique;* 6° *Droit des gens.* Les autres matières principales, énumérées au § 40, telles que le *Droit féodal*, etc., se rattachent, comme autant de dépendances, à celles des chaires dont l'enseignement est le plus voisin. — Nul ne peut réunir en sa personne deux titres de professeur.

[1] Le § 9 des statuts de la Faculté de Bonn explique ce qu'on entend par ces *collegia practica* qui nous manquent complétement, à nous qui cependant nous piquons d'être surtout des gens de pratique.

«Les *collegia practica* ou cours pratiques, et les exercices qui en font partie sont destinés à préparer les étudiants aux affaires. Le but principal de ces *practica*, destinés aux élèves qui ont obtenu par les études théoriques le degré de préparation nécessaire, c'est de donner un avant-goût de la pratique, d'initier et de préparer l'étudiant à la vie réelle. C'est dans ce but qu'on a établi pour le droit civil et le droit criminel le *practicum* de la procédure civile et celui de la procédure criminelle ; le droit public et le droit des gens ont aussi leur pratique (nommée en allemand *Staats Praxis* et *Diplomatie*). » Koch, t. I, p. 250.

[2] Les membres de l'Académie de Berlin sont aussi de droit professeurs dans l'Université, et leurs leçons comptent parmi celles dont est chargée la Faculté. Koch, t. I, p. 43. C'est à ce titre que M. Grimm enseigne dans la faculté générale, que M. Dirksen, professeur ordinaire à Kœnigsberg, enseigne dans la Faculté de droit de Berlin.

« § 45. Tout professeur, membre de la Faculté[1], a le droit de donner des leçons sur toutes les branches de la science du droit, sans exception. — (Dans le cas où le doyen se refuse à admettre un cours, comme n'étant pas du ressort de la Faculté, on en réfère au ministre (§ 46.) »

« § 46. Un professeur titulaire ou agrégé, institué pour un enseignement déterminé, n'a aucun droit exclusif sur l'objet de sa chaire. Tout ce qui résulte de l'institution, c'est que c'est à lui que la Faculté doit s'adresser de préférence pour donner cet enseignement.

« Le professeur titulaire, disent les statuts de l'Université de Bonn, § 58[2], a l'obligation de donner cette partie de l'enseignement qui dépend de la chaire dont il est titulaire[3]; mais il a le droit d'ouvrir des cours sur toutes les autres branches de la science.

« § 39. L'obligation du titulaire ne lui confère point le droit d'enseigner seul, et a l'exclusion des autres professeurs titulaires, agrégés ou libres, le sujet qu'on lui a spécialement assigné; au contraire, tous les autres professeurs de la Faculté ont le droit d'annoncer et de donner des leçons publiques et particulières sur toutes les parties de la science, y compris celles pour lesquelles on a établi une chaire spéciale et un titulaire. »

Cette libre organisation est considérée en Allemagne, et surtout par les professeurs, comme la cause principale et directe des progrès de la science et de la prospérité de l'enseignement[4].

---

[1] Les *Privat Docenten* ne sont pas membres de la Faculté, et n'ont le droit d'enseigner que les sujets pour lesquels ils se sont fait habiliter.

[2] Koch, t. I, p. 198.

[3] Cette obligation n'est même pas sérieuse; elle consiste à donner un cours public et gratuit sur l'enseignement afférent à la chaire. Mais ce cours, qui est tout d'apparat, et qui est d'une heure ou deux au plus par semaine, ne compte vraiment pas dans l'enseignement. Les étudiants ne le suivent qu'en petit nombre et par curiosité, et il n'est pas rare que ces cours ne durent pas tout le semestre, faute d'auditeurs.

[4] Voici, par exemple, ce qu'écrivait M. de Savigny, après trente ans de

Je ne crois pas que jamais Faculté, gouvernement ni réformateur aient demandé le changement de cette institution. On a quelquefois attaqué le droit des professeurs libres (*privat docenten*), ou les formes de leur admission, mais jamais on n'a demandé que le titulaire fût parqué dans un seul enseignement, et qu'il lui fût défendu, de par l'État, de consacrer

libre professorat. Son caractère et son expérience donnent un poids tout particulier à ses paroles. Nous traduisons ce passage d'un article sur les Universités publié en septembre 1832, dans la *Historisch politische Zeitschrift* de RANKE. Berlin, 1832, p. 578 et suiv.

« Ce qui fait la grandeur de nos Universités, dit M. de Savigny, c'est une institution puissante sans laquelle elles ne pourraient se maintenir au premier rang. Je veux parler de la liberté académique telle qu'elle existe en Allemagne. Le professeur choisit et dispose son enseignement avec une indépendance à peu près absolue; l'étudiant jouit d'une liberté non moins grande dans le choix des professeurs et des leçons qu'il veut suivre. Cette liberté est ce qui fait l'honneur et la vie de l'enseignement, c'est elle qui assure à tout progrès, à toute découverte, à toute méthode meilleure, une influence immédiate sur l'éducation universitaire. Elle n'est point partout admise en Europe, et on peut voir près de nous des systèmes plus ou moins en contradiction avec le nôtre. En certains pays on repousse complètement la liberté; là on prescrit au professeur, non-seulement l'objet de son cours, mais aussi la forme et la méthode dont il ne doit pas s'écarter. Quant à l'étudiant, on lui assigne, sans le consulter, le maître et les leçons qui décideront de son éducation. Une telle organisation est en quelque sorte une application des écoles de Lancaster, mais transportée sur un terrain où ce régime d'enseignement mutuel ne peut être que pernicieux. Que reste-t-il en pareil cas de la puissance toute particulière de l'enseignement oral? rien, sinon le bien que peuvent produire par hasard quelques communications personnelles entre le professeur et ses élèves. Otez cette action douteuse, on ne voit pas pourquoi l'État ne remplacerait pas les professeurs par une série de manuels; ce serait un moyen tout aussi sûr et tout aussi infaillible pour atteindre au but qu'il se propose.

« En d'autres pays on contrarie beaucoup moins cette liberté[1]. On prescrit à l'étudiant un certain nombre de cours qu'il doit suivre, mais on lui laisse le choix du professeur, et il dispose les leçons dans l'ordre qui lui paraît le plus convenable. Dans ce système, la liberté est presque entière, et néanmoins l'expérience a prouvé qu'il était souvent infructueux et même nuisible. Il y a au fond de ces restrictions une intention louable, c'est d'amener l'étudiant à se donner presque librement une instruction complète; mais malheureusement toutes les fois que, pour réaliser cette intention, on est obligé d'en venir à des moyens de rigueur et de forcer l'inclination de l'étudiant, on n'aboutit qu'à une comédie sans dignité; on a l'apparence, et

[1] C'est à la Bavière que M. de Savigny fait allusion.

4

à répandre la science la plus grande part de son activité et de son talent. Jamais on n'a imaginé cette singulière division du travail, qui fait trois parts d'un même enseignement, le droit romain, par exemple, et donne à l'un l'histoire, à l'autre les

non la réalité; des certificats, et point de science. Dès qu'on veut user de contrainte, adieu la communion des intelligences.

« Quel mérite particulier nous autorise donc à mettre nos Universités au-dessus des établissements des autres pays? Ce n'est ni la science achevée des professeurs, ni celle que doivent acquérir nos étudiants, qui distinguent nos Universités des écoles des autres peuples. Ce n'est point sur ce terrain que nous plaçons leur supériorité. Leur triomphe c'est cette organisation dans laquelle le talent de tout professeur distingué peut se développer librement, dans laquelle tout désir scientifique de l'étudiant trouve à l'instant même le moyen de se satisfaire; cette organisation dans laquelle tout progrès de la science est, dès son apparition, mis à la portée des esprits les mieux faits pour l'accueillir, cette organisation enfin qui permet de reconnoître aisément la haute vocation des hommes distingués, et qui, en même temps, relève les plus pauvres natures par le sentiment de leur indépendance et de leur personnalité. Oui, nous avons raison d'être fiers d'une telle institution, et qui connaît nos Universités conviendra que, dans cet éloge, il n'y a rien d'exagéré, rien de plus que l'exacte vérité.

« Cette facilité de recevoir le mouvement scientifique qui, selon nous, est un des grands mérites de nos Universités, a été souvent le reproche capital qu'on a fait à leur organisation. Comme elles sont aisément accessibles à la vérité, a-t-on dit, ainsi sont-elles accessibles à l'erreur et au mal; et c'est pour éviter ce danger qu'on a banni de l'enseignement toute liberté, toute individualité. C'est par de pareilles considérations qu'on a établi dans une foule de pays ces systèmes exclusifs dont nous venons de parler. Nous n'avons point l'intention de résoudre ici cette question délicate, mêlée d'ailleurs à d'autres questions non moins difficiles. Quelques mots suffiront pour le but que nous nous proposons. Quand il apparaît dans un siècle des tendances fausses, et même mauvaises, il faut les accepter comme une épreuve particulière à laquelle Dieu veut nous soumettre, épreuve qu'on ne peut fuir, mais à laquelle il faut résister. En pareil cas, détruire ou affaiblir les forces vives de l'intelligence, parce que dans la lutte elles pourraient passer à l'ennemi, c'est une désastreuse folie. Rassembler tous ceux qui sont prêts à combattre pour la vérité, les encourager, les soutenir, tel est, dans des époques de lutte, le seul rôle qui convienne au gouvernement. D'ailleurs que de raisons rendent la liberté des doctrines plus inoffensive dans l'Université que partout ailleurs! Là toute l'action émane d'un certain nombre de professeurs connus, qui ne se donnent point à eux-mêmes leur mission, et dont il est facile de surveiller l'enseignement. On ne doit pas craindre, on doit désirer la liberté entre les mains d'hommes qui offrent à l'État d'aussi puissantes garanties. »

Institutes, et à un troisième l'exégèse. Loin de craindre la concurrence, on la provoque; car c'est de la concurrence seule qu'on attend le mouvement et la vie. Le résultat répond-il à ces espérances? c'est ce qu'il sera facile de juger en comparant l'enseignement donné à Berlin, en 1842, avec l'enseignement donné à la même époque à la Faculté de Paris.

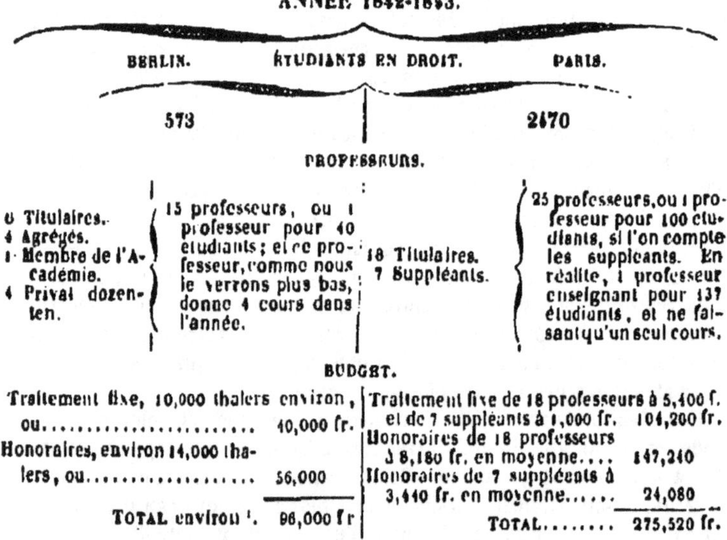

ANNÉE 1842-1843.

BERLIN.   ÉTUDIANTS EN DROIT.   PARIS.

573   2470

PROFESSEURS.

0 Titulaires.
4 Agrégés.
1 Membre de l'Académie.
4 Privat dozenten.

15 professeurs, ou 1 professeur pour 40 étudiants; et ce professeur, comme nous le verrons plus bas, donne 4 cours dans l'année.

18 Titulaires.
7 Suppléants.

25 professeurs, ou 1 professeur pour 100 étudiants, si l'on compte les suppléants. En réalité, 1 professeur enseignant pour 137 étudiants, et ne faisant qu'un seul cours.

BUDGET.

Traitement fixe, 10,000 thalers environ, ou.................... 40,000 fr.
Honoraires, environ 14,000 thalers, ou.................... 56,000
TOTAL environ [1]. 96,000 fr

Traitement fixe de 18 professeurs à 5,400 f. et de 7 suppléants à 1,000 fr. 104,200 fr.
Honoraires de 18 professeurs à 8,180 fr. en moyenne.... 147,240
Honoraires de 7 suppléants à 3,440 fr. en moyenne...... 24,080
TOTAL........ 275,520 fr.

Ainsi, Paris a quatre fois plus d'étudiants que Berlin, et 25 professeurs, tandis que Berlin n'en a que 15. Enfin, le budget prussien n'est pas beaucoup plus que le tiers du budget français : Paris a donc l'avantage du nombre et de la richesse. Quant au mérite et au dévouement scientifiques, nous admettrons volontiers que nos professeurs ne le cèdent en rien aux professeurs d'outre-Rhin. Voyons maintenant comment la différence d'organisation pourra compenser le désavantage naturel de Berlin, et rendre inutiles les sacrifices de l'État et la bonne volonté des professeurs français.

[1] Je dis environ, parce que je n'ai que les chiffres d'années antérieures à 1842, Koch, t. I, p. 33, 37; mais outre que le nombre des étudiants et des professeurs n'a pas sensiblement varié, j'ai forcé le prix du thaler (4 fr. au lieu de 3 fr. 75 c.) pour être plutôt au delà qu'en deçà de la dépense véritable.

PROGRAMME
DES COURS DONNÉS DANS LA FACULTÉ DE BERLIN.
ANNÉE 1842-1843.
SEMESTRE D'ÉTÉ.

SUJETS D'ENSEIGNEMENT.	NOMBRE de COURS.	PROFES-SEURS (a).	HEURES DE LEÇONS par semaine	HEURES DE LEÇONS pour la durée du cours.
1 Encyclopédie......	2	Gœschen....	4	80(a)
		Rœstell.....	4	80
2 Droit naturel ou philosophie du droit.	2	Stahl.......	4	80
		Heydemann.	4	80
3 Histoire du droit romain..........	2	Rudorff.....	4	80
		Schmidt....	4	80
4 Pandectes.........	2	Rudorff'....	10	200
		Dirksen.....	10	200
5 Droit de succession (c).........	3	Rudorff.....	4	80
		Dirksen.....	4	80
		Schmidt.....	4	80
6 Droit canonique...	3	Stahl '......	4	80
		Gœschen....	4	80
		Rœstell.....	4	80
7 Histoire de la constitution et de la législation......	3	Lancizolle'..	5	100
		Woringen...	5	100
		Hœberlin ...	4	80
8 Droit privé allemand, y compris le droit féodal et le droit commercial........	1	Homeyer'...	5	100
9 Droit public.......	3	Heffter......	5	100
		Collmann...	4	80
		Hœberlin ...	4	80
10 Droit criminel.....	3	Heffter......	5	100
		Woringen...	5	100
		Gneist......	4	80
11 Procédure criminelle..............	3	Gœschen....	4	80
		Woringen...	4	80
		Gneist......	3	80
12 Procédure civile...	3	Heffter '.....	5	100
		Gneist......	4	80
		Schmidt	5	100
13 Landrecht........	1	Heydemann.	5	100
14 Code Napoléon....	1	Heydemann'	3	60
15 Droit des gens européen	3	Rœstell.....	4	80
		Collmann...	3	60
		Hœberlin ...	4	80
16 Repetitoria et examinatoria.......	2	Kohlstock...		
		Schmidt		
	37		158	3160

COURS PUBLICS (b).

' M. Rudorff, *exégèse sur les Pandectes* (1 heure par semaine).

' M. Stahl, *de la législation du mariage* (sans doute au point de vue canonique) (2 heures par semaine), et M. Rœstell *sur la constitution de l'Église évangélique* (1 heure par semaine).

' M. de Lancizolle, sur *l'histoire politique de Bade et de Wurtemberg* (2 heures).

' M. Homeyer, *origine des anciennes coutumes germaniques* (1 heure par semaine), et M. Gœschen, *exégèse sur le Miroir de Saxe.*

' M. Heffter et M. Gneist ont fait chacun un cours public sur la *procédure prussienne proprement dite* (2 heures par sem.); M. Gneist a fait de plus une leçon d'une heure sur *la défense orale et la publicité des débats.*

' M. Heydemann a fait de plus un *exposé comparatif du droit de succession suivant le Landrecht prussien et le Code Napoléon* (2 h. par semaine).

a Il y a six professeurs titulaires, MM. de Lancizolle, Heffter, Homeyer, Stahl, Rudorff, Puchta ; un membre de l'Académie, M. Dirksen ; quatre professeurs agrégés, MM. Rœstell, Woringen, Gœschen, Heydemann ; quatre privat docenten, MM. Schmidt, Collmann, Hœberlin, Gneist.

(*a*) Nous supposons 20 semaines par semestre.

(*b*) Sur le sens de ce mot en Allemagne, voir sup., page 336, note 3. Nous n'avons pas cru devoir les faire figurer dans l'enseignement régulier.

(*c*) Le droit de succession est un démembrement du cours des Pandectes.

SECOND SEMESTRE.

SUJETS D'ENSEIGNEMENT.	NOMBRE de COURS.	PROFESSEURS.	HEURES DE LEÇONS par semaine	pour la durée du cours.
1 Encyclopédie et méthodologie	2	Rœstell	4	80
		Collman	4	80
2 Droit naturel ou philosophie du droit.	2	Heydemann.	4	80
		Schmidt	6	120
3 Histoire du droit romain	2	Dirksen	5	100
		Schmidt	4	80
4 Institutes et Antiquités du droit romain.	2	Rudorff	6	120
		Dirksen	6	120
5 Pandectes	1	Puchta	12	240
6 Droit de succession.	1	Rudorff	4	80
7 Histoire de la constitution et de la législation	1	Homeyer	4	80
8 Droit privé germanique, compris le droit commercial.	1	Gœschen	8	160
9 Droit public	3	Lancizolle	5	100
		Stahl	5	100
		Collmann	4	80
10 Droit canonique	3	Heffter	4	80
		Gœschen	4	80
		Rœstell	4	80
11 Droit criminel	3	Gœschen	4	80
		Gneist	4	80
		Hœberlin	4	80
12 Législation criminelle comparée	1	Woringen	4	80
13 Procédure criminelle	4	Heffter	4	80
		Woringen	3	60
		Gneist	3	60
		Hœberlin	3	60
14 Procédure civile	3	Rudorff	4	80
		Gneist	4	80
		Schmidt	4	80
15 Pratique judiciaire avec exercice	1	Heffter	3	60
16 Droit des gens	4	Heffter	2	40
		Rœstell	3	60
		Collmann	3	60
		Hœberlin	3	60
17 Landrecht	2	Homeyer	5	100
		Heydemann	6	120
18 Repetitoria et examinatoria	2	Kohlstock		
		Schmidt		
	38		159 (a)	3180

Et pour l'année... 6310 heures de leçon.

COURS PUBLICS.

* M. Stahl *sur la Philosophie de Descartes dans ses rapports avec l'Éthique et la philosophie du droit* (2 heures par semaine).

* M. Dirksen, *Exégèse sur les fragments d'Ulpien* (1 h. par sem.).

* M. Rudorff a fait un cours sur le XXe livre des Pandectes (les Hypothèques) (1 heure).

* M. Homeyer *sur l'ancienne organisation judiciaire de l'Allemagne* (1 heure).

* M. Goeschen, *Exégèse sur le Sachsenspiegel* (1 h. par sem.).

* M. Lancizolle a fait un cours public (2 heures par semaine) sur *l'histoire des États provinciaux* (Landstunde) *d'Allemagne.*

* M. Heffter joint à son cours l'explication de quelques procès célèbres. (1 h. par semaine.)

* M. Gneist a fait un cours public sur *le jury.*

* M. Heydemann a fait un cours public sur la *comparaison de quelques théories de droit civil dans le droit français et le droit allemand* (1 h. par sem.) et l'*exposition des principes du droit criminel au moyen de l'appréciation des procès criminels les plus célèbres* (1 heure).

(a) Leipsig, Heidelberg, Gœttingue donnent de 150 à 160 heures de leçons par semaine, non compris les leçons publiques et les répétitions (*privatissima*); Breslau, Bonn, Giessen, Halle, Iena, Marbourg, Munich, Tubingue, de 100 à 120 heures. Quant aux matières de l'enseignement ordinaire, elles sont à peu près les mêmes partout; ce sont les *publica* qui font la plus grande différence.

Si maintenant nous comparons le programme de nos Facultés au programme allemand, nous obtiendrons des résultats statistiques qui ne manqueront pas d'intérêt.

A Paris, avec vingt-cinq professeurs (y compris sept suppléants qui, par la faute du système, n'enseignent pas), il y a eu dans l'année dix-huit cours sur douze sujets différents [1]. A Berlin, quinze professeurs ont donné trente-cinq cours dans le premier semestre, et trente-six dans le second, ce qui fait soixante et onze cours sur dix-sept ou dix-huit sujets distincts [2]. C'est-à-dire qu'avec un personnel moins nombreux de deux cinquièmes, la Faculté de Berlin a donné un enseignement d'un tiers plus étendu quant au choix des sujets, et que les cinq cents soixante-treize étudiants de Berlin ont eu quatre cours à choisir contre un seul offert aux deux mille quatre cent soixante-dix étudiants parisiens. Ou si l'on veut, il y a eu à Berlin un cours pour neuf étudiants, et à Paris, un cours pour cent trente-sept.

A Berlin, cent cinquante-huit heures de leçons par semaine, plus de dix heures par chaque professeur, à Paris, la durée hebdomadaire de chaque cours ne dépasse trois heures qu'exceptionnellement ; ainsi la semaine de travail étant de six jours, le maître français enseigne une demi-heure, et l'allemand une heure trois quarts, ou plus de trois fois autant.

[1] Institutes, deux cours.—Pandectes.—Code civil, six cours. — Procédure civile et législation criminelle, deux cours. — Droit commercial. — Droit constitutionnel. — Histoire du droit français. — Droit des gens. — Droit criminel comparé. — Introduction générale à l'histoire du droit. — Droit administratif. — Pour que la comparaison entre les deux pays fût exacte, j'aurais dû mettre en ligne l'enseignement administratif qui, à Berlin, se donne dans une autre Faculté que celle de droit, et fait l'objet de quinze ou vingt cours par chaque semestre. Je ne l'ai point fait, pour qu'on ne m'accusât par de forcer les résultats au détriment de mon pays.

[2] Encyclopédie, quatre cours. *Philosophie du droit*, quatre cours. *Histoire du droit romain*, quatre cours. Institutes, deux. Pandectes, trois. *Droit de succession*, quatre. *Droit canonique*, six. Histoire de la législation germanique, quatre. *Droit féodal* et droit commercial, deux. *Droit public européen* et droit public allemand, six. *Droit pénal*, six. Droit criminel comparé, un. Procédure criminelle, sept. Procédure civile, six. Pratique judiciaire, un. Droit des gens, sept. Landrecht, trois. Code Napoléon (?), un.

Le côté financier de la question n'est pas moins curieux que le côté scientifique. En Prusse, on a dépensé un peu moins de 100,000 francs pour obtenir dans l'année six mille trois cent quarante heures de leçons (non compris les cours publics), c'est pour l'État une dépense de quinze francs et quelques centimes par heure de leçons. A Paris, on a déboursé 275,520 francs pour obtenir deux mille six cents heures de leçons environ [1], c'est-à-dire en bon calcul statistique, qu'on a payé près de 106 francs ce que la Prusse paye 15 francs ; ce n'est que six fois davantage.

En donnant ces chiffres, notre intention n'est point de dénigrer les professeurs français, et de les représenter comme inférieurs en zèle et en bonne volonté à leurs rivaux d'Allemagne. Tout au contraire, nous avons déjà fait remarquer, plus haut, qu'ils donnent à l'État pour les examens seulement presque le double du temps qu'un professeur allemand consacre à l'enseignement, sa seule occupation. Il n'y a donc rien qui concerne personnellement les professeurs dans mes observations, et ce que j'ai voulu seulement montrer, c'est le vice d'un système qui, par l'exagération des moyens de contrôle, en est venu à négliger l'essentiel, c'est-à-dire l'enseignement ; qui use en pure perte l'énergie des savants qu'il emploie, et condamne l'État à faire sans succès des sacrifices considérables, parce que les dépenses sont mal faites. L'exemple de la Prusse, qui avec un faible budget trouve moyen d'obtenir beaucoup de ses professeurs, parce qu'elle ne leur demande qu'un travail utile, peut nous apprendre combien il serait facile en France, par l'adoption d'une organisation meilleure, de doubler et même de quadrupler l'enseignement, sans imposer à l'État des charges nouvelles, et en n'exigeant du professeur que des efforts modérés, au lieu de la fatigue excessive qu'on lui impose inutilement. Abolir entièrement, ou réduire considérablement les examens, et supprimer le monopole des chaires, telles

<hr>

[1] Je suppose dans les deux pays quarante semaines de travail, et j'admets à Paris soixante-cinq heures de leçon par semaine, ce qui est plutôt au-dessus qu'au-dessous de la vérité.

sont les deux seules conditions du progrès. Chose rare pour une réforme, elle peut se faire sans grever le budget, sans changer le personnel de la Faculté, sans compromettre des positions légitimement acquises dans ce qu'elles ont de vraiment respectable.

Je ne reviendrai pas sur la nécessité de supprimer les examens, j'ai essayé de montrer plus haut tous leurs inconvénients; mais je prie de remarquer encore une fois combien cette question est la question principale, à laquelle tout ramène, et de laquelle tout dépend. Les examens abolis, on peut exiger des efforts considérables des étudiants et des professeurs, car on leur rend les deux éléments de toute étude bien faite, le temps et la liberté d'esprit. Les examens conservés, on ne peut introduire que d'insignifiantes modifications dans l'enseignement, car le maître et l'élève sont à chaque instant détournés de leurs études régulières par ce stérile travail. C'est sur ce point que la Commission doit arrêter toute son attention; car le parti qu'elle prendra décidera de la ruine ou de la conservation du régime actuel, et par conséquent de l'avenir de la science.

Je passe maintenant au droit exclusif des professeurs sur l'objet de leur enseignement.

Pour un esprit qui n'est point prévenu, l'idée de donner à une ou deux personnes le monopole de chaque branche d'enseignement est quelque chose d'incompréhensible, et, à moins de supposer que l'Etat, dans sa politique jalouse, veut n'autoriser qu'un cours pour savoir heure par heure quelle est la pensée du professeur, il est difficile de rendre raison de cette organisation bizarre. Si c'est une application du principe de la division du travail, c'est une bien malheureuse application, et qui, comme toute opération simplifiée à l'excès, ne peut amener chez celui qui s'y livre exclusivement que l'inertie de l'intelligence. Chose singulière ! tandis que, dans la magistrature, l'administration, le gouvernement même, nous cherchons toujours à mettre en concurrence un certain nombre d'hommes éminents, pour obtenir de leur émulation et de leur contrôle réciproque la plus grande somme possible d'efforts utiles, nous laissons un professorat organisé de façon que rien ne tienne en éveil l'esprit et le zèle du professeur. Obtenir une chaire est une difficile et pénible entreprise; mais, une fois emportée d'assaut, le titulaire peut s'y reposer aussi tranquillement qu'un académicien dans son fauteuil; pour lui le repos commence au moment même où l'action devrait être la plus vive... Que dis-je! l'Académie est une arène comparée à l'Ecole; non-seulement le professeur n'a point à craindre de contradiction, mais il est bien assuré que , pendant tout le cours de sa vie, personne ne viendra l'inquiéter par la concurrence. Alors même qu'il lui est impossible de donner en entier l'enseignement de sa chaire, il n'est permis à aucun membre de la Faculté de toucher à ce domaine. Le professorat n'est point un titre ou une fonction, c'est un fief auquel on doit hommage et redevance; et si le professeur d'*histoire du droit romain et d'histoire du droit français* veut laisser en friche le champ qu'on lui a inféodé, personne au monde n'a le droit d'y mettre la charrue.

Qu'on ne croie pas que je raille! Aujourd'hui, par exemple , tandis que le professeur de procédure, chargé d'un double enseignement, ne peut suffire à sa tâche, nous avons un professeur de *législation criminelle comparée* dont le cours est perdu pour les licenciés; en d'autres termes, nous avons le luxe là où nous manque le nécessaire. Eh bien! je mets en fait que, si demain le ministre ordonnait au professeur de procédure civile de s'en tenir à cet enseignement , suffisant pour l'occuper toute l'année, et qu'il chargeât le professeur de législation criminelle *comparée* d'enseigner aux étudiants de seconde année la législation criminelle *française*, la Faculté réclamerait contre *l'atteinte portée aux droits acquis* des professeurs institués sous le titre de *professeurs de législation criminelle et de procédure civile et criminelle.* C'est ainsi que l'Ecole a agi en 1830 [1], et le rapport de 1845 prouve qu'en ce point elle n'a point varié dans ses opinions. *Périsse l'enseignement plutôt que le monopole du professeur!*

---

[1] Délibération du 26 août 1830, *Recueil* de M. de Salvandy, p. CXLV.

c'est encore aujourd'hui sa devise. *Si*, dit fièrement le rapport, *si les raisons qui fondent notre conclusion négative* (c'est-à-dire l'opposition de la Faculté au dédoublement de la chaire de procédure civile et de législation criminelle) *ne paraissent pas déterminantes à M. le ministre et à la Commission des hautes études, il y aurait lieu alors d'envisager au point de vue de la légalité la mesure proposée. A cet égard , nous pensons que la constitution d'une chaire dont les attributions ont été déterminées par une loi ne peut être changée que par une loi* [1]. En d'autres termes, il s'agit d'ajouter un nouveau chapitre à la loi *d'expropriation pour cause d'utilité publique*, et l'enseignement appartient , non point à l'État représenté par le ministre, mais au professeur qui tient sa chaire par droit de domaine.

Franchement la Faculté nous semble abuser ici du grand mot de *légalité.* Des deux chaires de procédure civile et criminelle, une au moins a été créée par ordonnance ; et nous ne voyons pas *a priori* pourquoi une ordonnance ne pourrait modifier en 1843 ce qu'une ordonnance a établi en 1819. Il nous est également difficile d'imaginer comment une ordonnance qui a créé deux professeurs pour un même enseignement était légale, et comment une ordonnance qui partagerait un enseignement entre deux professeurs serait nécessairement illégale. Il nous est non moins malaisé de comprendre comment une ordonnance rendue en 1819, par un ministre qui n'a consulté personne , a pu retrancher légalement aux professeurs de Code civil *l'enseignement du droit public français et du droit civil dans ses rapports avec l'administration publique*, que leur attribuait la loi de 1804, et en faire l'objet d'une chaire spéciale ; et comment, en 1843, une ordonnance rendue par un ministre qui s'entoure des plus vives lumières, et qui a pour lui l'assentiment et la sollicitation de huit Facultés sur neuf, sera en opposition avec la légalité, surtout quand cette réforme respecte le titre du professeur, sa seule propriété, et ne l'atteint ni dans son intérêt, ni dans son honneur.

[1] Rapport, p. 58.

Il nous semble, jusqu'à nouvel ordre, que les Facultés de province ont résolu la question avec infiniment plus de modération et de science que leur sœur aînée, quand elles ont simplement demandé qu'en cas de dédoublement, le professeur, aujourd'hui titulaire des deux enseignements, eût le choix de l'un ou de l'autre. C'était là ménager avec convenance le droit du professeur, et le concilier avec le droit supérieur et incontestable du gouvernement. Nous nous en tiendrons à cette opinion jusqu'à ce qu'on nous ait prouvé qu'une fonction est une propriété ; et nous n'admettrons jamais que nos pères qui ont fait une révolution contre les jurandes et les maîtrises aient entendu consacrer dans la loi constitutive des Écoles de droit le plus odieux des monopoles, celui de la science et de l'enseignement.

D'ailleurs, et qu'il faille ou non une loi, quel est le résultat de cette organisation que la Faculté défend avec l'ardeur commune de tous les privilégiés ? C'est de sacrifier à un individu l'intérêt, ou pour mieux dire, le droit des étudiants. C'est de faire plier le droit inaliénable de l'État devant un fonctionnaire (car le professeur n'est pas autre chose), et d'aliéner sans garantie et sans moyen de surveillance le plus précieux attribut de la souveraineté, l'éducation de la jeunesse. Supposez en effet que le concours ou le choix ministériel, peu importe, introduise dans l'enseignement un homme médiocre ou qui ne convienne pas à la chaire à laquelle vous l'avez appelé; si la concurrence est possible, comme en Allemagne, le mal n'est pas grand, le professeur aura peu ou point d'élèves et touchera son traitement pour ne rien faire; voilà tout, la science n'en souffrira pas. Mais si à cet homme incapable, vous lui donnez le monopole, il faudra que pendant dix, vingt, trente ans, quinze ou vingt mille jeunes gens aillent tour à tour s'entasser inutilement dans un amphithéâtre pour y recevoir des leçons mal données, et souvent même plus nuisibles qu'utiles, sans que l'État puisse rien faire, car s'il peut agir contre la mauvaise conduite de l'homme, il est désarmé devant la médiocrité ou l'incapacité du professeur.

Et quand même tout votre corps enseignant serait excellent, est-ce que le professeur ne vieillit pas? est-ce que ses doctrines seront toujours au courant de la science? est-ce qu'après vingt ans de professorat, ses théories ne courent pas risque d'être surannées? Qu'on songe à ce qu'était l'étude du droit romain il y a vingt-cinq ans, sous M. Berthelot, et qu'on se demande si la révolution commencée est partout achevée, et s'il n'y a point encore des professeurs pour qui Gaius n'a point été découvert? Et, d'ailleurs, quand même vos maitres seraient parfaits et toujours et partout, ne voyez-vous pas qu'en organisant le monopole, vous sacrifiez tout à une seule méthode, à un seul système? A Paris, par exemple, il y a pour sept ou huit cents étudiants une seule chaire de droit commercial, une seule chaire de droit administratif. Laissez de côté l'impossibilité de faire profiter d'un enseignement quelconque un nombre aussi considérable d'auditeurs, attribuez au titulaire un talent achevé, est-ce qu'un homme peut représenter à lui seul toute la science du commerce ou de l'administration pour la moitié de la jeunesse française? Est-ce qu'il n'y a pas d'autres opinions probables que celles qu'il défend? Est-ce qu'il embrasse toutes les faces de la science? est-ce que sa manière d'envisager le droit est la seule bonne et la seule utile? la seule qui convienne à toutes les intelligences? Allons plus loin : il n'y a dans toute la France que deux chaires dans lesquelles il soit permis d'enseigner la philosophie du droit ; l'une est au Collége de France, l'autre est à la Faculté sous le nom d'*Introduction générale à l'étude du Droit.* Toutes deux sont confiées à la même personne. Je n'attaque point le titulaire, qu'on dit un homme de mérite, je n'ai rien à reprendre dans son enseignement, que je ne connais pas ; mais, enfin, ce titulaire peut-il être en France le seul représentant de la philosophie du droit, et accepter un titre dont Jouffroy n'eût pas voulu? Assurément, personne au monde n'a cette ridicule prétention; mais, alors, pourquoi donc accumuler sur une seule tête une aussi grande responsabilité? Pourquoi forcer vingt générations à accepter les idées d'un seul homme, quand il suffirait de briser d'inutiles entraves pour qu'en peu de temps l'enseignement fût quadruplé et la concurrence introduite dans toutes nos Facultés ?

Encore si le concours était combiné pour amener infailliblement dans l'enseignement les hommes spéciaux, on comprendrait, sans la justifier, l'adoption du système de monopole ; mais point du tout, et, par une inconséquence singulière, ce concours, dont le résultat est de cantonner un homme à tout jamais dans une seule chaire, est calculé en vue des examens ; et c'est après avoir constaté par des épreuves générales que le candidat est capable d'enseigner sur toutes les parties du droit, qu'on lui assigne un enseignement dont il lui est défendu de s'écarter. Le professeur doit être *universel* pour examiner, mais il est *spécial* dès qu'il s'agit de faire des leçons. De là des résultats incroyables dans leur bizarrerie. Tel homme brille dans un concours par la façon remarquable dont il explique le Code civil dans les épreuves générales ; il est nommé professeur de droit administratif. Dès ce jour, il ne peut plus enseigner le Code. A Paris, un professeur nommé au concours à la chaire de procédure civile permute avec le titulaire d'une des chaires de Code civil. Dès ce moment le premier devient incapable d'enseigner la procédure, comme le second d'enseigner le Code. Un autre membre de la Faculté, après neuf ans de leçons sur le Code civil, est chargé d'un cours d'introduction à l'étude du droit ; dès ce moment l'enseignement du Code lui est interdit. Enfin, et pour comble d'inconséquence, il n'y a point de suppléant qui ne puisse être appelé à tour de rôle à professer le droit romain, le Code, l'histoire du droit, en un mot, tous les cours de la Faculté ; mais du jour où son mérite obtient une consécration nouvelle, du jour où, après des épreuves générales vaillamment soutenues, le suppléant est déclaré professeur, il lui est à tout jamais défendu de sortir de la chaire à laquelle l'a rivé le hasard d'un concours.

Cherchons maintenant dans quel intérêt l'Etat impose au professorat ces gênes multipliées. Ce n'est pas dans l'intérêt de la science, qui ne vit que par la concurrence, et n'a jamais trop d'adorateurs. Ce n'est pas au profit des étudiants ; ils ont tout à gagner à la multiplicité des leçons et des méthodes. Est-ce dans l'intérêt de l'Etat ? Mais en France, au point de vue politique, nous n'avons pas peur de l'enseignement donné dans une Faculté par des professeurs qui ont une position à conserver, et un caractère public qui leur interdit de faire de leur chaire autre chose qu'une tribune scientifique. S'agit-il d'ailleurs d'ouvrir la Faculté au premier venu ? Non, la liberté du professorat peut très-bien s'accommoder de l'organisation actuelle ; il n'est point nécessaire d'introduire d'hommes nouveaux dans l'enseignement. D'ailleurs, sur quoi porteront ces libres leçons ; sur le droit romain, le code de commerce, le droit administratif? Ce ne sont point là des sujets bien dangereux ; joignons-y l'économie politique, ou la philosophie du droit, nous ne ferons pas encore de l'école un foyer révolutionnaire. En somme, qu'un professeur fasse quatre cours ou un seul, les dangers politiques ne sont pas plus grands, et la surveillance est la même. Quant au point de vue économique, il n'y a point de système comparable au système de liberté, puisque sans grever le budget, l'Etat peut tripler et quadrupler les cours, et qu'il lui suffirait de détruire d'inutiles barrières pour qu'une Faculté de province élevât son enseignement au-dessus de celui que Paris donne aujourd'hui. Huit professeurs, à Breslau, ont donné dans le premier semestre 1842, vingt-un cours sur douze sujets différents, et cent trente-neuf heures de leçons par semaine[1], et à Breslau il y a cent douze étudiants en droit. Pourquoi les huit professeurs de Toulouse (débarrassés des examens), ne seraient-ils pas ce qu'ont fait les professeurs de Breslau ? Ce serait

[1] *Encyclopédie*, trois cours de six heures chaque. *Pandectes*, trois cours de douze heures. *Droit de succession*, un cours de cinq heures. *Droit réel et droit d'hypothèque*, un cours de six heures. Trois cours d'*histoire de la législation* de cinq heures, un cours de *droit privé* de cinq heures, un cours de *droit féodal* de quatre heures, trois cours de *droit canonique* de six heures, un cours de *droit criminel*, huit heures ; un cours de *procédure criminelle*, huit heures. *Droit des gens*, un cours, quatre heures. Deux *repetitoria et examinatoria*, six heures.

un enseignement double de celui de Paris. Ainsi l'intérêt de la science , des étudiants, de l'Etat, tout se réunit pour condamner le régime de servitude sous lequel nous vivons ; reste l'intérêt du professeur.

Je ne crois pas, émettre un paradoxe en disant que les professeurs sont de tous les plus directement intéressés à cette réforme. Comme considération, peut-on comparer la position d'un homme qui par la seule force de son talent réunit autour de sa chaire deux cents jeunes gens, à la position d'un maître aux pieds duquel le règlement jette comme un troupeau huit cents étudiants, condamnés par ordre à se presser dans l'amphithéâtre ? Dans le régime de l'Ecole, quelle est la récompense du professeur habile ou laborieux ? qui peut indiquer à l'Etat et à l'opinion publique le mérite ou le dévouement du maître ? l'affluence des étudiants ? elle est commandée ; la variété des leçons ? elle est interdite. Rien ne distingue l'homme éminent de l'homme médiocre. En Allemagne, au contraire, l'amour-propre du professeur est sans cesse en jeu. Il y a des rivaux qui lui font concurrence par le talent de la parole, par l'ardeur de la jeunesse, par la multiplicité des leçons ; il lui faut conquérir sa position à force de travail, et, une fois conquise, il la lui faut défendre jusqu'au dernier moment. Mais aussi cette position qui lui donne honneur et fortune, il ne la doit qu'à lui-même ; ces étudiants qui l'écoutent, c'est sa parole qui les retient ; ce ne sont point des écoliers qui tremblent sous la férule des maîtres, ce sont des disciples, des amis, presque des collaborateurs. Un *Privat docent* a droit d'être plus fier avec quinze auditeurs qu'il doit à son mérite, qu'un professeur de Paris avec huit cents étudiants, venus par ordre, et qui demain s'évanouiraient si le cours était déclaré *non obligatoire*.

Si l'amour-propre du professeur trouve son compte dans cette libre organisation, son esprit y gagne bien davantage. Il n'est point condamné à traîner éternellement dans le même sillon ; il peut agrandir ses connaissances en s'étendant dans les sphères voisines de son enseignement, il peut se reposer par la variété des études, de la fatigue intellectuelle qu'amène un même travail trop longtemps prolongé. Si le hasard du concours, si le choix du ministre l'a placé dans une chaire qu'il remplit honorablement, mais à laquelle ne l'appelaient pas ses goûts antérieurs, il peut rester fidèle à ses anciennes, non moins qu'à ses nouvelles études, et mettre à la disposition des jeunes gens tous les trésors de son intelligence. Ainsi, par exemple, Rennes, où la chaire d'histoire du droit n'existe même pas, possède un homme éminent par ses travaux historiques ; rien n'empêche la Faculté de s'enrichir de cet enseignement, sinon une absurde organisation qui condamne un homme né pour être un des professeurs les plus remarquables de l'histoire du droit, à donner *exclusivement* un cours de droit administratif. A Paris, deux professeurs justement considérés, ont fait de bons travaux sur les éléments du droit romain ; le premier, professeur de droit romain, mais non pas d'Institutes, a le droit d'expliquer Gaius, mais il lui est défendu de toucher au remaniement de Gaius, que Justinien a publié sous son nom, car ce serait empiéter sur le domaine de deux de ses collègues ; le second a fait un livre élémentaire dans lequel une partie des étudiants de première année va chercher ou compléter son instruction, mais il lui est interdit d'enseigner de vive voix ce droit romain qu'il enseigne par écrit, et sur lequel il interroge, car il y a des titulaires, je me trompe, des propriétaires exclusifs du cours d'Institutes. Et cependant, avec huit cents étudiants, ce ne serait pas trop de quatre professeurs, pour que l'enseignement du droit romain fût mis à la portée de tous ces esprits divers.

Un autre avantage de la libre concurrence serait d'ouvrir immédiatement l'enseignement aux vingt-cinq suppléants, qu'une organisation aussi mauvaise que coûteuse en tient éloignés. Comprend-on qu'en France le quart des professeurs (vingt-cinq sur cent un), n'ait le droit de monter en chaire que par hasard en cas d'absence ou de maladie des titulaires ? Et ces hommes dont l'Etat paralyse ainsi la bonne volonté, sont ceux qui, par leur âge et leur désir de parvenir, offrent les meilleures garanties de zèle et de succès. *Les suppléants*, dit le rapport de la Faculté de Paris [1], *participent à toutes les fonctions du professorat :* oui, à peu près comme les pensionnaires de la Comédie-Française remplissent tous les rôles de Messieurs les sociétaires. A vingt-sept ou vingt-huit ans, un jeune docteur, après un concours brillant, est nommé suppléant; il est dans toute la force et l'ardeur de l'âge ; c'est le moment où l'Etat qui le paye a grand soin de ne pas l'employer. S'il n'y a point de professeur absent ou malade, le suppléant passera de longues années, sans trouver l'occasion de se produire. Ce moment arrivé, le hasard lui donnera un enseignement qui peut-être ne lui conviendra pas. Quoi qu'il en soit, du jour au lendemain il lui faudra, comme au théâtre, prendre le rôle du professeur de procédure, de droit constitutionnel, ou de droit romain ; et comme au théâtre, quels que soient son mérite et son succès, le retour du titulaire lui fermera la scène. Du reste, qu'il réussisse ou non , nul ne lui en saura gré, et quelque longue qu'ait été la durée de sa suppléance, il n'aura pas plus de droit que le premier docteur venu, sur la chaire qu'il aura remplie honorablement. Ainsi se passe la jeunesse du suppléant, sans profit pour lui, sans profit pour la science ; car, à quelle étude spéciale peut se livrer un homme que la perspective du concours et la mobilité de l'enseignement préoccupent sans cesse ? Puis enfin vers quarante ans, à l'âge où l'esprit a pris un pli définitif, le hasard en fera un titulaire de Code civil, ou de droit romain, et lui imposera une spécialité qui ne sera pas la sienne. Est-il possible de gaspiller plus tristement de plus précieuses ressources ? et n'est-ce point paralyser à plaisir l'élément par lequel le progrès doit se faire dans la Faculté ?

Au contraire, que ces suppléants deviennent, comme le propose le ministre, des *agrégés* (il y a toute une révolution dans ce changement de titre) ; que ces agrégés, véritables professeurs, aient le droit d'enseigner en concurrence avec les titulai-

[1] Rapport, p. 69.

res ; dès ce jour une vie nouvelle anime toutes les Facultés ; dès ce jour aussi le gouvernement possède dans le zèle et l'assiduité des élèves, un thermomètre exact du mérite (je ne dis pas du savant), mais du professeur. Il a des candidats tout prêts, tout éprouvés pour les chaires vacantes ; des hommes spéciaux pour les branches spéciales, et non pas des gens qui, pendant dix ans, n'ont eu d'autre préoccupation que de faire de la scolastique sur le Code civil, et de chercher de quelle façon on pourrait, au jour du concours, embarrasser un adversaire par l'interprétation nouvelle d'un article dont la jurisprudence a depuis trente ans déterminé le sens.

Déjà plusieurs fois on a senti la nécessité d'ouvrir l'enseignement aux suppléants ; mais dans les plans les plus hardis on se contente de demander qu'on leur abandonne cette partie de la science dont ne s'occupent pas les professeurs, et que l'Etat n'exige point pour les examen [1]. Dans l'organisation actuelle, l'expérience a prouvé que cette institution n'était point viable ; le travail du professeur est pour lui sans résultat d'honneur, ni d'avenir, ni de fortune, et l'étudiant manque de loisirs. Dans une organisation meilleure qui accorderait à l'élève plus de liberté, et promettrait au professeur une récompense sérieuse, on obtiendrait sans doute de meilleurs résultats ; mais ce ne serait encore qu'une demi-réforme, et qui, tout en améliorant la condition des agrégés, n'atteindrait pas le vice essentiel du système régnant, je veux dire le monopole. Dès que l'agrégé est reconnu capable d'enseigner le droit romain, je ne vois nulle raison pour l'empêcher de choisir à son gré les Institutes, les Pandectes, ou l'histoire du droit. L'expérience de l'Allemagne a prouvé que dans cette libre organisation il y avait avantage réel pour l'enseignement, et point de danger pour l'Etat, ni pour les professeurs. Ainsi, dira-t-on, le suppléant fera concurrence au titulaire ? Je réponds : tant mieux, c'est une raison pour que tous

[1] J'ai soutenu cette doctrine dans une brochure sur l'*Enseignement du droit*, publiée en 1840 ; mais, à cette époque, je n'avais pas vu l'Allemagne, et j'étais sous l'empire du préjugé commun.

deux travaillent davantage, et cette rivalité ne peut que profiter à l'étudiant. Ainsi un jeune homme à peine sorti des bancs, viendra planter son drapeau à côté des célèbres messieurs tels ou tels ? — Sans doute, il y avait aussi à Berlin des *privat do-centen*, qui enseignaient le droit romain à côté de M. de Savigny. Il y a eu à Kœnigsberg, et à Munich, des professeurs de philoso-phie auprès de Kant et de Schelling; à Giessen, il y a des cours de chimie à côté de M. Liebig; est-ce que cette concur-rence a jamais rien ôté au mérite et à la grandeur des hommes éminents que je viens de citer? Est-ce que la concurrence n'est point la condition de l'activité humaine, l'élément nécessaire de tout progrès? De professeur à professeur, pourquoi la rivalité ne serait-elle pas aussi bien permise que d'avocat à avocat, de mé-decin à médecin, ou de savant à savant? Nous nous faisons sur ce point les plus fausses idées, tant l'habitude du monopole nous a perverti l'esprit, et il nous faudra longtemps encore pour admettre cette vérité triviale au delà du Rhin, que *le professeur est fait pour l'étudiant, et non pas l'étudiant pour le professeur ;* et que par conséquent, tout doit être calculé *non dans l'intérêt du maître, mais dans l'intérêt exclusif de l'enseignement.*

§ 5. — Du traitement des professeurs.

Le traitement des professeurs titulaires ou suppléants se com-pose, comme nous l'avons dit plus haut, de deux éléments, un traitement fixe donné par l'État, un traitement proportionnel composé des redevances payées par l'étudiant lors de l'examen. En Allemagne, on a reçu aussi le système des deux traitements, mais on a eu le bon esprit d'attacher le traitement proportionnel, non pas à un travail stérile comme l'examen, mais à l'enseigne-ment même; c'est à peu près le système adopté dans nos col-léges. En Prusse, chaque professeur reçoit par étudiant inscrit, pour un cours semestriel de trois à quatre heures par semaine, 3 thalers ou 11 francs 25; pour un cours de cinq à six heures, 4 thalers (15 francs) ; de sept à huit heures, 6 thalers (22 francs

30); de neuf à dix heures, 7 thalers (26 francs 25); de dix heures à douze et au delà, 8 thalers (30 francs) [1]. C'est l'étudiant qui, en s'inscrivant, verse à la caisse le montant du cours, comme il verse chez nous le prix de l'examen, quand il demande à subir cette épreuve. Dans les deux pays, nul rapport immédiat entre l'étudiant et le professeur. En Prusse comme en France, tout se passe par l'intermédiaire du secrétaire de la Faculté.

Quel est l'avantage d'un traitement proportionnel attaché à un travail utile? Je laisse sur ce point parler la Faculté de Strasbourg; rien de plus sage que ses réflexions [2].

« La conservation des deux traitements est nécessaire. Un seul traitement, un traitement fixe dégénère trop facilement en une espèce de sinécure; plus d'un professeur, ainsi circonscrit dans une position invariable, s'accommoderait d'idées une fois arrêtées, et ne s'occuperait plus des progrès de la science; sa place deviendrait stérile. Si, au contraire, il a la perspective d'une amélioration honorifique et pécuniaire, il s'excite lui-même à améliorer, à vivifier son enseignement. Le traitement éventuel, calculé dans une sage proportion sur le nombre des élèves, est très-bien fait pour opérer cet effet. Pourquoi les Universités d'Allemagne sont-elles si pleines de vie et si riches en résultats scientifiques? c'est que les professeurs, outre le traitement fixe convenable qui les met au-dessus du besoin [3], jouissent encore de rétributions payées directement [4] par les étudiants, et qui, jointes au débit du *compendium* (ou programme) des professeurs, édité fré-

---

[1] Koch, t. II, p. 271.

[2] Rapport, p. 80.

[3] Ce traitement fixe n'est pas, en général, fort élevé. A Breslau, par exemple, en 1842, les quatre professeurs titulaires avaient comme traitement fixe, M. Huschke et M. Gaupp, chacun 1100 thalers (4,400 fr. en nombre rond); M. Abegg 1300 thalers (ou 5,200 fr.); M. Regenbrecht 800 thalers (ou 3,200 fr.). Les professeurs agrégés étaient, en général, beaucoup moins payés. Ils avaient de 200 à 600 thalers (800 à 2,400 fr.); mais la Faculté demandait que le minimum d'un agrégé fût de 600 thalers, et celui d'un titulaire de 800.

[4] La rétribution *directe*, c'est-à-dire donnée de la main à la main par l'étudiant, est presque partout remplacée par le versement de l'honoraire à la caisse de l'Université.

quemment, portent le total de leurs émoluments à une somme considérable. (C'est ainsi qu'à Heidelberg [1]. plusieurs professeurs arrivent à 25,000 francs, il y en a un qui arrive à 32,000 francs); de cette sorte, la position du professeur devient digne, il peut entretenir sa bibliothèque au niveau du progrès de la science ; il peut suivre les journaux scientifiques; il peut s'aider d'un secrétaire, et peut faire en vacances des voyages qui le mettent en contact avec d'autres savants ; ce ne sera pas un ouvrier courbé à terre, mais un véritable homme scientifique, libéral, élevé. »

Après ces excellentes observations, je n'insisterai point sur les avantages du traitement proportionnel; il est évident que si l'État exige une science profonde et variée des hommes chargés de l'enseignement supérieur, il lui faut des esprits d'élite, et ces esprits d'élite, il n'y a que deux moyens de les obtenir, deux moyens qui le plus souvent se réunissent et sont le principal mobile des actions humaines, je veux dire l'HONNEUR ET LA FORTUNE, *honos et præmium;* c'était la devise que Munchausen donna à l'Université de Gœttingue, et c'est avec ce secret qu'il en fit le premier établissement de l'Allemagne. De ces deux moyens, l'un est à la disposition de l'État, l'honneur ; il n'en est point de même du second ; le gouvernement ne dispose que de ressources fort limitées pour rémunérer les services publics. Il doit donc accueillir avec faveur une combinaison qui, sans aggraver les dépenses publiques, garantisse au professeur une position de fortune assez belle pour tenter les plus ambitieux, et permette ainsi à l'État d'attirer à son service tout ce qu'il y a d'hommes éminents dans la magistrature ou le barreau. En demandant par exemple à l'étudiant 10 francs par trimestre pour une leçon de trois ou quatre heures par semaine, il suffira de deux cents étudiants pour que le titulaire d'aujourd'hui conserve le traitement proportionnel qu'il retire des examens [2], et s'il veut

---

[1] Suivant le dernier recensement, en 1845, il y avait à Heidelberg cinq cent cinquante-huit étudiants en droit, et quatorze professeurs, dont sept *Privat docenten.*

[2] Je ne discute pas la manière d'indemniser les titulaires , ou plu-

donner deux cours par semaine avec le même nombre d'étudiants, son traitement dépassera 20,000 francs [1]. C'est un avenir qui n'a rien d'effrayant, et jamais réforme ne s'est présentée sous de moins rudes apparences.

Faut-il justifier le traitement proportionnel de ces reproches qui courent les rues, *qu'il est humiliant pour le professeur, qu'il établira une extrême inégalité entre l'homme qui se borne à la science pure et celui qui enseigne le droit pratique?* Je ne le crois pas ; cependant je dirai sur ce point quelques mots.

J'espère qu'on nous fera grâce de la prétendue humiliation du professeur; il n'y a jamais de honte à toucher une rémunération pour un service public, et d'ailleurs il serait assez difficile de prouver dans l'espèce qu'il est beau de recevoir dix francs pour un examen et humiliant de toucher ces mêmes dix francs pour un cours. Des deux fonctions d'examinateur ou de professeur, s'il en est une qui puisse s'honorer du service rendu, et qui mérite un légitime et noble salaire, assurément c'est la première.

La seconde objection est plus spécieuse, mais il est aisé de parer à l'extrême inégalité en établissant, comme en Belgique, plusieurs catégories de traitements fixes, et en réservant ces traitements élevés aux professeurs les moins favorisés par la nature de leur enseignement. D'ailleurs, ainsi qu'on le voit par l'exemple de l'Allemagne, il est rare qu'un professeur se tienne à un seul cours, et d'ordinaire il joint à des leçons de science pure quelques leçons plus suivies. En France, comme en Allemagne, il sera donc toujours facile au titulaire de s'assurer par

tôt de leur conserver leur traitement; il est certain que ce traitement est un *véritable droit acquis,* et que nulle réforme n'est légitime qu'à condition de respecter le titre et le salaire du professeur.

[1] Quant aux étudiants, dont l'intérêt est non moins respectable que celui du professeur, il semble que leurs dépenses ne seraient pas sensiblement augmentées. Les frais d'études pour les trois années de droit montent à 814 fr. Si l'État ne voulait s'attribuer que le quart de cette somme, le reste serait suffisant pour payer cinq cours par année, c'est-à-dire un enseignement double de celui que donne aujourd'hui la Faculté.

son travail une position honorable, et cela doit lui suffire. Il n'est pas nécessaire le moins du monde que ses collègues ne puissent être plus riches que lui. Ce n'est pas dans le revenu, c'est dans le titre et le rang académique que doit être l'égalité.

Il pourrait donc arriver qu'un agrégé fût plus suivi qu'un professeur, et se trouvât plus haut placé que le titulaire ? — Sans doute, c'est là une des conséquences possibles de la liberté du professeur ; mais le système actuel, qui compromet l'éducation de milliers d'individus pour ne pas porter ombrage à l'amour-propre d'un individu, n'a-t-il pas un défaut bien plus grand ? Et enfin, à tout prendre, y a-t-il un mal réel à ce que le professeur qui faiblit ou vieillit puisse s'apercevoir de la fatigue des années, et, avec le concours de l'État, chercher dans la magistrature ou les bibliothèques quelque retraite honorable ? En Allemagne, il y a dans le succès du professeur rival un avertissement souvent écouté, et le *solve senescentem* prononcé par une jeunesse impartiale n'est point perdu. Personne, au moins, hormis le professeur, ne souffre de son infériorité ou de son affaiblissement. Et si l'État indemnise un vieux serviteur, ce n'est pas en lui sacrifiant l'avenir scientifique des jeunes générations.

Enfin, il faut bien considérer que le traitement proportionnel est le complément indispensable de la liberté du professorat. Vous ne pouvez pas espérer multiplier les leçons sans ce stimulant, car le professeur est homme, il faut qu'il vive ; et si l'enseignement ne lui donne pas des moyens d'existence, il faut qu'il les cherche ailleurs, comme répétiteur, comme savant, comme écrivain. L'exemple des suppléants parle en ce point plus haut que tous les raisonnements. Tout au contraire, le traitement proportionnel attache le maître à l'enseignement, et lui fait concentrer sur ce seul point tous ses efforts et tout son génie ; car son intérêt et son honneur sont d'accord, et il ne peut obtenir la gloire sans obtenir en même temps la fortune. Quelques mécomptes individuels, le froissement de quelques amours-propres ne sont rien auprès de l'avantage énorme que promet à l'État une organisation assez parfaite pour ménager à la fois la liberté des étudiants et celle des professeurs, tout en obtenant et des uns et des autres le plus grand développement possible de leurs forces intellectuelles.

§ 6. — Résumé.

Résumons l'expérience allemande en un petit nombre d'axiomes reçus sans contestation de l'autre côté du Rhin, et qui, en France, doivent devenir familiers à tout homme qui s'occupe de la direction ou de la réforme de l'enseignement supérieur.

1° Une Faculté n'est point une école préparatoire instituée uniquement dans un but pratique. Sa destination est de donner *complétement, dans son intégrité*, l'enseignement supérieur, sans égard à l'utilité plus ou moins immédiate, plus ou moins directe de telle ou telle branche scientifique. Pour admettre que l'École de droit dût se restreindre à l'enseignement pratique, il faudrait supposer au-dessus de la Faculté un établissement dans lequel se donnerait l'enseignement supérieur, objet de la sollicitude de tout gouvernement éclairé.

2° Le droit étant à la fois une science et un art, son enseignement doit être philosophique, historique et pratique, si l'on veut que l'éducation nationale ne prenne pas une fausse direction.

3° Le gouvernement a un double droit sur l'enseignement supérieur, — droit de surveillance politique pour qu'on ne pervertisse pas l'esprit de la jeunesse par des doctrines subversives ou antisociales ; — droit d'exiger que certaines leçons soient données de préférence par les professeurs qu'il institue, et suivies par les étudiants qui lui demanderont quelque jour un caractère public.

Sur le premier point, l'organisation des professeurs en corporation, le pouvoir de suspendre et de destituer, après jugement, celui d'entre eux qui manquerait à ses devoirs, sont pour l'État une garantie suffisante.

Pour le second, qui concerne plus spécialement les étudiants que les professeurs, la surveillance du ministre et de la Faculté, les certificats d'assiduité et l'examen final, lui assurent facilement l'obéissance générale.

4° En dehors de cette double action, toute intervention directe de l'État est plus dangereuse qu'utile, et l'expérience a démontré qu'un système dans lequel le gouvernement a ses droits réservés, s'en remettait à la Faculté, librement organisée, du choix, de l'ordre et des méthodes de l'enseignement, était infiniment préférable à tout système dans lequel l'État prétend diriger à son gré l'ordre et le choix des leçons. C'est aux savants et non au gouvernement qu'il appartient de décider des questions scientifiques, telles que celle du meilleur enseignement.

5° En ce qui regarde l'étudiant, nulle raison politique ou scientifique ne peut justifier le régime de contrainte qui, en ôtant aux jeunes gens toute liberté d'esprit, leur ôte en même temps le goût du travail. Il est d'ailleurs évident que l'uniformité de la règle suppose dans les intelligences une uniformité qui n'a jamais existé. Dans la direction des études, tout doit se borner à des conseils. La Faculté, représentant les pères de famille, a sans doute le droit de s'assurer que l'étudiant suit annuellement un certain nombre de leçons; mais elle n'a point le droit de lui imposer un ordre ou des méthodes essentiellement arbitraires, et qui doivent varier, pour ainsi dire, avec chaque individu.

Une fois reconnu qu'il faut à l'étudiant un certain degré d'honnête liberté dans le choix et la disposition de ses études, on ne peut maintenir les examens réitérés qui ne lui laissent aucune indépendance, pas même dans le cercle tracé par l'État.

6° Pour que l'étudiant ait le choix des leçons et des méthodes, il faut que, pendant son séjour à la Faculté, les mêmes cours soient faits plusieurs fois et par différents maîtres. La concurrence des professeurs est donc une des premières conditions de la liberté d'études.

7° Les professeurs doivent jouir d'une liberté absolue d
le choix de leurs méthodes. Que leur enseignement soit exégétique ou dogmatique, historique ou philosophique, l'État n'a point
à s'en mêler; on ne prescrit pas plus les méthodes qu'on n'impose des opinions. C'est de la concurrence des professeurs
que l'État doit attendre le triomphe du meilleur système, ce
n'est point avec une méthode officielle qu'il obtiendra ce résultat.

8° Nul professeur ne doit avoir le monopole de son enseignement. Ce qui appartient au professeur, comme à tout autre
fonctionnaire, c'est son titre et rien de plus. Tout membre
de la Faculté, une fois qu'il a donné l'enseignement dont
l'État l'a chargé, doit avoir le droit de faire des leçons
sur toutes les matières de la jurisprudence, que cette matière
soit ou non l'objet des leçons d'un collègue, qu'elle figure
ou non sur le programme de l'État. Au moyen de cette double
liberté et de la concurrence qu'elle amène, l'État obtient des
professeurs un déploiement de forces intellectuelles des plus
considérables, et une richesse d'enseignement incomparable.
Quatre enseignements divers, et dix heures de leçons par semaine, telle est la moyenne qu'on peut attendre de chaque
membre de la Faculté.

9° Il n'y a aucune raison pour empêcher les suppléants de
donner des leçons. Enseigner est la première condition pour
devenir bon professeur; et, en écartant de la chaire l'homme
qui a fait preuve de talent, l'État se prive volontairement d'une
précieuse ressource, et nuit inutilement aux suppléants qu'il
condamne à l'inertie. Un système dans lequel le quart des professeurs est perdu pour l'enseignement est un mauvais système.

10° Le traitement proportionnel, calculé sur le nombre d'é-
tudiants librement inscrits au cours, est la plus juste rémunération du service rendu par le professeur, et le plus légitime
encouragement pour décider le maître à se consacrer tout entier à l'enseignement. C'est dans la Faculté, et là seulement,
qu'il doit trouver ensemble et gloire et fortune.

11° Le traitement proportionnel est aussi pour l'État un thermomètre assez exact du mérite du professeur. L'affluence des étudiants indique généralement que la chaire est occupée par un homme de talent, et les jeunes gens, pour apprécier leur maître, ont le goût tout aussi fin que le public pour apprécier les grands acteurs. Il y a presque toujours dans la jeunesse un désintéressement et une absence de passions mauvaises, qui garantit l'indépendance et le mérite de ses jugements.

§ VII. Dernières réflexions.

Tel est l'esprit nouveau que nous voudrions introduire dans nos Facultés ; tel est le système de liberté dont nous appelons de tous nos vœux la réalisation, sans oser l'espérer. Quelque confiance que nous ayons du reste dans les lumières et la bonne volonté de la Commission, ces idées sont encore trop peu connues en France pour que nous puissions croire à leur succès prochain. Cependant, c'est de ce côté que la réforme est le plus facile, puisqu'on peut la faire, à la rigueur, sans introduire dans les Facultés de membres nouveaux, et sans grever le budget de la création des chaires que le progrès de la science a rendues indispensables. Tout au contraire, si l'on conserve le régime présent, l'amélioration de l'enseignement augmentera dans des proportions considérables le personnel des Facultés et le chiffre du budget. Ce système mérite donc une sérieuse considération.

On a vu, par tout ce qui précède, que c'est dans un changement d'organisation, et non point dans un changement de personnes que nous plaçons nos espérances pour la régénération de l'enseignement ; ce n'est point à dire que nous approuvions le mode par lequel se recrute le professorat, et nous sommes loin de partager en ce point les opinions de la Faculté de Paris. Il nous semble même que c'est aller bien loin que de prétendre que la constitution du professorat *est appuyée sur une expérience de quarante années*, et l'École oublie trop qu'elle a dû au bon choix des ministres ses noms les plus glorieux, et qu'encore aujourd'hui la moitié de ses membres, et non pas les moins illustres, n'ont point été nommés au concours [1]. Cette *expérience de quarante années* n'est donc pas encore commencée.

Nous ne discuterons pas la question du concours, jugée depuis longtemps par l'opinion des hommes éclairés ; les défauts de ce système ont été parfaitement signalés dans le premier rapport de M. de Salvandy, et il n'y a rien à retrancher de la sévérité de ce jugement. Il est bon seulement de s'expliquer sur un raisonnement équivoque, à l'aide duquel la Faculté, trompée la première, pourrait donner le change au lecteur surpris.

« Ce n'est point à l'époque actuelle, dit le rapport [2], qu'il est besoin de faire l'apologie du concours. Au moment où l'opinion semble réclamer cette institution pour des professions même auxquelles on ne l'a jamais appliquée, comment concevoir qu'on peut songer à dépouiller de cette garantie les professions auxquelles depuis longtemps elle sert de base ? »

La Faculté confond deux choses fort distinctes : le concours appliqué *au choix* d'un individu, et le concours appliqué *comme moyen d'élimination* à l'entrée d'une carrière qui admet un grand nombre de personnes. Ceux qui réclament l'application du concours à l'entrée dans la magistrature ou dans les services publics peuvent combattre avec plus ou moins de vivacité la nomination des professeurs au concours, sans manquer le moins du monde aux règles de la logique. Ils ne prétendent pas que cent places de magistrats disputées entre six cents jeunes gens, seront nécessairement emportées par les cent candidats les plus capables et dans l'ordre hiérarchique de leur intelligence et de leur travail, mais seulement qu'on aura en moyenne le plus grand nombre possible de bons choix ; que, par exemple, l'erreur ne sera peut-être pas d'un cinquième, et que, dans ce dernier cinquième, ne

---

[1] N'ont point été nommés professeurs au concours MM. Ducaurroy, Demante, Macarel, Royer-Collard, de Portets, Ortolan, Rossi. M. de Gérando et M. Poncelet avaient également été nommés par décision ministérielle.

[2] Page 60.

figureront point les ignorants ou les sots. Mais, quand il est question d'une chaire d'histoire du droit, ou de droit criminel, à donner dans les premières Facultés du royaume, s'agit-il d'éliminer les incapables ou de choisir à coup sûr le plus capable? Et pour désigner l'homme éminent qui s'acquittera, non pas convenablement, mais brillamment d'un enseignement aussi difficile, vaut-il mieux s'en remettre à la présentation de corps savants, véritables organes de l'opinion publique, tels que la Faculté, l'Académie, la Cour de cassation, plutôt qu'à des épreuves où tout est donné à l'inspiration du moment, où l'on ne tient compte ni des titres scientifiques, ni des droits acquis? Là est toute la difficulté, et cette difficulté, la Faculté ne l'a pas même entrevue.

Et, d'ailleurs, pour que le concours pût être un bon moyen d'élection, la première condition serait qu'il attirât le plus grand nombre possible de concurrents sérieux; c'est seulement ainsi que ce mode peut être légitime, car s'il a pour résultat d'écarter les plus recommandables, et de limiter l'élection entre un petit nombre de rivaux, souvent inconnus de la veille, il est essentiellement vicieux. En est-il ainsi? A-t-on jamais vu se présenter au concours un magistrat éminent, un commentateur célèbre du Code civil, un membre de l'Institut? Klimrath a-t-il osé se présenter? Et s'offrir au concours avec des titres scientifiques, ne serait-ce point augmenter ses chances d'insuccès? Il ne faut donc point défendre si haut un système dont le premier effet est de n'amener dans les chaires que des hommes nouveaux et inconnus du public; c'est-à-dire sans influence sur les étudiants à leur début. Le concours empêche les gens incapables d'arriver par la seule faveur, sans nul doute; mais, en même temps, il écarte les hommes qui ont conquis dans la science une position supérieure; ses inconvénients balancent donc singulièrement ses avantages négatifs. Ce qui constitue une faculté brillante, et dans laquelle les jeunes gens sont glorieux d'étudier, ce ne sont point vingt professeurs convenables, ce sont cinq ou six hommes éminents. Ces hommes supérieurs, le concours ne les amènera que *par hasard;* la présentation des corps savants les amènera *sûrement.*

Je n'en veux pour exemple que les nominations des professeurs de l'École Polytechnique, faites depuis vingt ans sur la double présentation du Conseil de l'École et de l'Académie des sciences. Le résultat de ce système a été admirable, et ne peut se comparer à celui qu'a donné le concours.

La Faculté veut bien reconnaître *que l'institution en elle-même étant à l'abri de toute attaque fondée, les dispositions réglementaires du concours peuvent être susceptibles d'améliorations*; s'il s'agit des épreuves, comme il est probable, on ne peut que regretter le silence de la Faculté sur les réformes à introduire en ce point. Ces épreuves, calculées en vue des *connaissances générales* qui doivent appartenir à l'EXAMINATEUR, sont fort mal calculées pour *l'enseignement spécial* du PROFESSEUR; on nomme ainsi pour une chaire d'histoire du droit ou de droit administratif, non pas celui qui sait le mieux l'histoire ou le droit administratif, mais celui qui parle le mieux sur le Code civil ou le droit romain. Il est difficile d'imaginer un meilleur système pour écarter de l'École tout savant véritable (hormis bien entendu les savants en droit civil, car ce qui constitue le savant, c'est en général la spécialité, c'est-à-dire l'application presque exclusive de l'esprit dans une certaine direction, et il est impossible qu'un homme qui a passé quinze ans à épuiser le droit administratif ou l'histoire de notre ancien droit, soit, au jour du concours, aussi bien préparé sur le Code civil qu'un jeune suppléant qui fait du Code son unique étude.

Il y a bien une épreuve spéciale; mais, outre que cette épreuve n'a qu'une influence assez faible sur la décision des juges, il arrive souvent que les juges eux-mêmes ne sont point compétents pour apprécier en ce point le mérite des concurrents; c'est notamment ce qui doit arriver pour la chaire d'histoire du droit. Depuis dix ans que cette science a commencé à se régénérer, combien de professeurs ont écrit sur l'histoire du droit français ou du droit romain? Deux ou trois peut-être sur dix-huit; ce sont cependant les quinze autres qui décideront, et sur des épreuves où seront agitées des questions que la grande majorité des professeurs ne connaît même pas de nom. Qu'on demande, par exemple, aux candidats de dire *quels changements les Valois ont introduits dans la législation française ? de rechercher les sources de la coutume de Paris ?* d'exposer leurs idées sur *le caractère des Établissements de saint Louis ?* de faire l'histoire des *coutumes anglo-normandes du treizième au quinzième siècle,* et mille autres questions semblables, rentrant toutes dans les connaissances nécessaires à un futur professeur d'histoire, je ne sais ce que le candidat répondra, mais je ne crois pas me tromper en avançant qu'une grande partie des professeurs n'a point d'opinions arrêtées sur ce point délicat, et serait fort embarrassée de juger un candidat exposant les *origines germaniques* ou *canoniques* de la législation française. S'il en est ainsi, qu'est-ce donc qu'un concours pour la chaire d'histoire du droit ? Une déception. C'est ce qu'a compris M. de Salvandy, et, trouvant qu'en pareil cas il était impossible d'appliquer la loi, il a consulté la Faculté sur le parti qu'on pourrait prendre. « *Notre réponse est simple,* dit le rapport, *toute chaire vacante doit être mise au concours. Nous invoquons une prompte application du principe à la vacance déjà trop prolongée de la chaire d'histoire du droit* [1]. La réponse est des plus claires, sans doute, mais on peut douter qu'elle soit des plus concluantes. La maxime *dura lex, sed lex,* n'a de sens que pour les faits accomplis ; et dire qu'on ne peut pas changer la loi parce qu'elle existe, ce n'est pas un raisonnement de législateur. Une bonne raison eût mieux valu que tout ce fracas de légalité.

L'École de Paris nous semble aussi fort sévère, en refusant au ministre le droit d'appeler à Paris des confrères que le hasard seul a placés sur un théâtre moins élevé. L'idée du ministre, de faire de tous les professeurs de droit les membres d'une même corporation, nous semble aussi grande que juste, et rien ne légitime cette espèce de condamnation qui attache à perpétuité le professeur à telle chaire de telle Faculté, sans espoir de

______
[1] R pport, p. 58.

jamais s'élever sur une scène plus grande et plus digne de lui. Il faut au professeur, comme à tous les hommes, un horizon toujours infini, si l'on ne veut pas qu'il tombe dans l'abattement, le dégoût ou l'inertie. Et pour l'État, quoi de plus mal calculé que de s'en remettre au hasard d'un concours pour la nomination d'un professeur à Paris, quand il a dans la province des maîtres éprouvés dans des enseignements spéciaux ? Il est puéril de demander, comme le fait la Faculté, que des hommes, blanchis dans le professorat, redescendent dans l'arène pour se commettre avec des novices, et acceptent pour juges des gens qui ont été peut-être leurs disciples, et qu'en aucun cas ils ne peuvent accepter pour leurs supérieurs. Que dirait-on d'un système qui constituerait les conseillers de la Cour royale de Paris arbitres de l'avancement des autres conseillers du royaume ? Est-ce le traitement ou le titre qui fait la différence ? et si c'est le titre, en quoi le professeur de Rennes ou de Strasbourg peut-il se reconnaître l'inférieur du professeur de Paris ?

Il est encore une question du plus haut intérêt que soulève le ministre, et sur laquelle nous aurions voulu appeler l'attention, si la longueur de ce travail l'eût permis ; c'est la *création de Facultés d'administration*. Cette question est, du reste, familière aux lecteurs de la Revue, et ce recueil a contribué puissamment à préparer la solution de ce grand problème. Le ministre demande si l'on doit consacrer aux études administratives une Faculté spéciale, ou simplement en faire une annexe de l'enseignement du droit. Nous engageons la Commission à lire attentivement le travail publié dans la Revue par M. de Mohl, professeur à la Faculté d'administration de Tubingue [1] ; elle y verra comment un homme vieilli dans l'enseignement administratif envisage cette question vitale. Si ces études ne font pas l'objet d'une Faculté distincte ; si, comme l'a judicieusement remarqué M. Vivien, dans son beau travail sur les *fonctionnaires*

[1] Octobre 1844, t. xxi de la collection, p. 158 et suiv.

publics [1], on ne consacre pas dans l'enseignement, comme dans l'organisation politique, la séparation de la justice et de l'administration, on n'arrivera à aucun résultat. On fera des jurisconsultes qui sauront un peu plus de droit administratif, mais on ne fera pas des administrateurs ; car, pour donner une éducation complète aux jeunes gens qui se destinent à nos services publics, il faut et un temps aussi considérable, et de tout autres études que pour faire un licencié. L'économie politique, la statistique, l'histoire politique, la technologie, l'agriculture, la législation des douanes et des finances, sont des sciences qui ne s'apprennent pas avec un professeur de Code civil, quoi qu'en dise la Faculté, qui a établi sur ce point la plus singulière des théories [2].

En finissant, qu'il nous soit permis de rendre justice à M. de Salvandy, dans une question où notre témoignage sera d'autant

---

[1] *Revue des Deux-Mondes*, 15 septembre 1845.

[2] « La science du droit est une, quoiqu'elle se divise en plusieurs bran- « ches, car toutes ses parties se tiennent et reposent sur une base commune, « la distinction du juste et de l'injuste. » (Ceci est plus qu'évident ; mais il faudrait prouver que l'administration c'est le droit, et sa science la jurisprudence.) «L'étude du droit civil ou privé, contenant la constitution de la famille, « l'organisation de la propriété et la théorie des obligations, *est une introduc-* « *tion nécessaire au droit public* (il serait plus exact de dire au *droit des* « *gens*) *qui ne fait qu'appliquer les mêmes principes pour régler les rap-* « *ports des nations entre elles.*» (Bacon disait, au contraire : *At jus privatum latet sub tutela juris publici*, et il nous semble plus que douteux que le droit des gens règle les rapports des nations entre elles par les principes qui régissent la constitution de la famille ou l'organisation de la propriété.) « Comment dès lors approprier à la carrière politique ou administrative un «enseignement complet qui ne comprendrait pas l'étude du droit civil ? » La Faculté est tout à fait à côté de la question. Personne n'a prétendu exclure le droit civil des études exigées pour les futurs administrateurs ; mais est-ce trois ans de Code civil et un an de droit administratif qui conviennent à ces jeunes gens, ou n'est-ce pas plutôt un an de Code civil et trois ans de droit administratif ? Vaut-il mieux qu'ils apprennent les Pandectes ou l'économie politique ? Et six mois d'histoire du droit romain ne leur suffiraient-ils pas ? Là est tout le problème. Ce qui est le principal dans l'École de droit devient secondaire dans l'École d'administration, et réciproquement. Il faut donc un enseignement distinct, puisque les objets communs même ne doivent point s'enseigner de la même façon.

moins suspect que, plus que probablement, nos idées ne sont pas celles du ministre. A une époque où la politique envahit tout, déborde sur tout ; où les ministres n'admettent souvent comme réformes nécessaires que celles qui doivent avoir du retentissement dans les Chambres, il est noble, il est beau de poursuivre avec persévérance des améliorations étrangères à la politique, et qui n'ont pour but que l'intérêt de la science et la solide grandeur de nos institutions. Tous les amis de la science, tous ceux qui ne veulent pas que la France puisse déchoir du haut rang qui lui appartient parmi les nations civilisées, doivent seconder de leurs vœux et de leurs efforts une tentative difficile, mais qui assure à M. de Salvandy, s'il réussit, comme nous n'en doutons pas, des titres sérieux et durables à l'estime et à la reconnaissaance du pays.

Édouard Laboulaye.

Extrait de la REVUE DE LÉGISLATION ET DE JURISPRUDENCE.
N° de novembre 1845.

Imprimerie de Henouyer et Turpin, rue Lemercier, 24. Batignolles.

www.ingramcontent.com/pod-product-compliance
Lightning Source LLC
Chambersburg PA
CBHW061553080726
47597CB00003BA/1079